EXERCICES

POUR

LES CLASSES DE MATHÉMATIQUES SPÉCIALES.

GÉOMÉTRIE ANALYTIQUE

THÉORIE NOUVELLE

DES NORMALES

AUX SURFACES DU SECOND ORDRE.

NOTES SUR L'ALGÈBRE, LA GÉOMÉTRIE ET LA MÉCANIQUE

APPLICATION DE LA MÉTHODE DES DIFFÉRENCES
A LA SÉPARATION DES RACINES D'UNE ÉQUATION ALGÉBRIQUE.
THÉORIE DES MAXIMUMS ET MINIMUMS.
DÉTERMINATION DU RAYON DE COURBURE D'UNE COURBE PLANE DANS LE SYSTÈME BIPOLAIRE
MOUVEMENT D'UN POINT ATTIRÉ OU REPOUSSÉ PAR DEUX CENTRES FIXES.

PAR M. DESBOVES

Docteur ès sciences, Professeur au lycée Bonaparte.

PARIS

MALLET-BACHELIER

Imprimeur-libraire de l'École polytechnique et de l'École centrale,

QUAI DES AUGUSTINS, 55.

1862

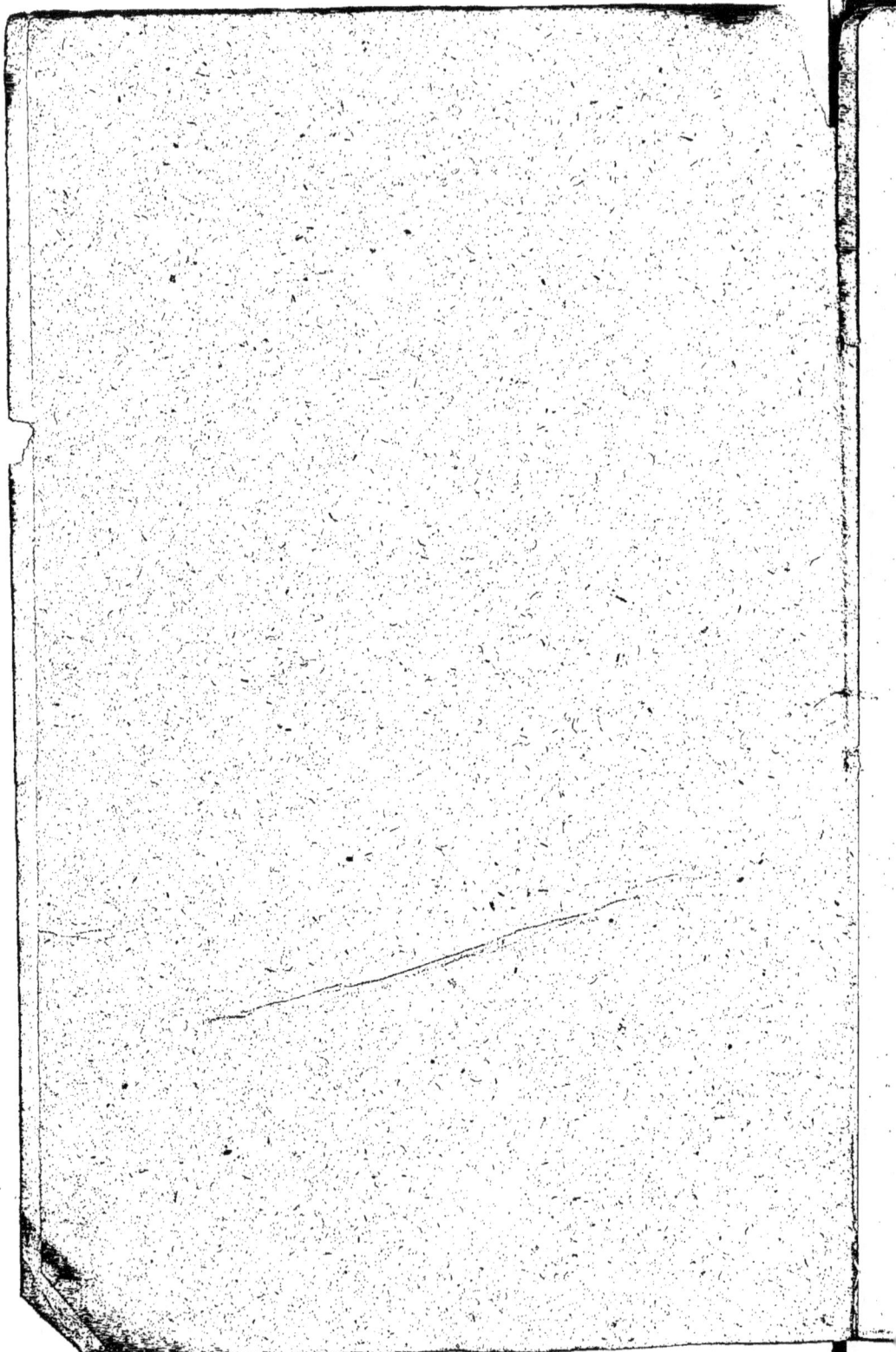

EXERCICES

POUR LES

CLASSES DE MATHÉMATIQUES SPÉCIALES

V

PARIS. — TYPOGRAPHIE HENNUYER, RUE DU BOULEVARD, 7.

EXERCICES

POUR

LES CLASSES DE MATHÉMATIQUES SPÉCIALES.

—◦—

GÉOMÉTRIE ANALYTIQUE

—·—

THÉORIE NOUVELLE

DES NORMALES

AUX SURFACES DU SECOND ORDRE.

— ◦ —

NOTES SUR L'ALGÈBRE, LA GÉOMÉTRIE ET LA MÉCANIQUE

APPLICATION DE LA MÉTHODE DES DIFFÉRENCES
A LA SÉPARATION DES RACINES D'UNE ÉQUATION ALGÉBRIQUE.
THÉORIE DES MAXIMUMS ET MINIMUMS.
DÉTERMINATION DU RAYON DE COURBURE D'UNE COURBE PLANE DANS LE SYSTÈME BIPOLAIRE,
MOUVEMENT D'UN POINT ATTIRÉ OU REPOUSSÉ PAR DEUX CENTRES FIXES.

PAR M. DESBOVES

Docteur ès sciences, Professeur au lycée Bonaparte.

PARIS

MALLET-BACHELIER

Imprimeur-libraire de l'École polytechnique et de l'École centrale,

QUAI DES AUGUSTINS, 55.

——

1862

PRÉFACE.

On ne connaît qu'un très-petit nombre de théorèmes sur les normales menées d'un point donné à une surface du second ordre, et, malgré la fécondité des méthodes de la géométrie pure, le nombre des propriétés nouvelles s'est très-peu accru dans ces derniers temps.

Il y avait un véritable intérêt à chercher si les méthodes de la géométrie analytique seraient plus heureuses. Sans donner ici le plan de l'ouvrage, qu'un simple coup d'œil jeté sur la table fera immédiatement connaître, je dirai que le succès des calculs est dû principalement à l'idée nouvelle d'introduire dans le problème des normales, comme inconnues auxiliaires, les coordonnées du pôle du plan qui passe par les pieds de trois normales issues d'un même point. On est ainsi conduit à considérer une surface et une droite qui jouent le principal rôle dans les théorèmes, et qu'on a appelées *surface normopolaire* et *synnormale*.

Chacune des surfaces du second ordre a une surface normopolaire correspondante dont on peut se proposer d'étudier la forme ; c'est ce qu'on a fait, en particulier, dans le dernier chapitre, pour la surface normopolaire de l'ellipsoïde. Peut-être, l'exemple de discussion, à cause de son élégante simplicité et des résultats intéressants qu'il donne, mériterait-il de devenir classique, et de prendre immédiatement place après l'étude des surfaces du second ordre.

La nature du sujet a aussi conduit à se demander quels sont

les lieux des points de départ des normales, parmi lesquelles se trouve toujours une normale double, une normale triple ou une normale quadruple.

Le lieu des points de départ des normales doubles, pour une surface quelconque, est le lieu géométrique des extrémités des rayons de plus petite et de plus grande courbure des sections normales.

Pour l'ellipsoïde, le lieu des points de départ des normales triples est formé de trois ellipses situées dans les trois plans principaux, et on ne trouve que quatre normales quadruples dont les pieds sont les points qu'on a appelés *ombilics*. C'est ce que l'on voit facilement à l'aide des propriétés nouvelles de la surface normopolaire et de la synnormale.

Il n'est sans doute pas besoin de dire ici que, dans un ouvrage destiné aux élèves, les méthodes de la géométrie analytique ont été appliquées dans toute leur simplicité primitive. Recherche de la formule qui convient à un problème ou une classe de problèmes, puis interprétation de cette formule, choix d'axes le mieux approprié à la question que l'on traite, considération de la symétrie pour abréger les calculs ; tels sont les seuls moyens de démonstration dont on a voulu faire usage.

Le volume est terminé par quelques notes d'algèbre et de mécanique dont la lecture ne sera peut-être pas sans profit pour les élèves à qui elles sont destinées.

TABLE DES MATIÈRES.

CHAPITRE I.

THÉORÈMES ET PROBLÈMES SUR LES NORMALES AUX CONIQUES.

CHAPITRE II.

DES NORMALES AUX ELLIPSOÏDES ET AUX HYPERBOLOÏDES.

SECTION I.

SECTION II.

SECTION III.

CHAPITRE IV.

CYLINDRES ET CÔNES.

ERRATA.

Page.	Ligne.				

30   7   *Au lieu de* $\dfrac{-a_1{}^2}{\alpha^2}$ et $\dfrac{-b_1{}^2}{\beta^2}$ *lisez* $\dfrac{-a_1{}^2}{\alpha_2}$ et $\dfrac{-b_1{}^2}{\beta_2}$

34   15   » $a_1{}^2 - b_1{}^2$ » $(a_1{}^2 - b_1{}^2)^2$

40   8   » α, o, γ étant les coor- » $\alpha, 0, \gamma$ étant les coor-
                  données du plan   données du pôle
                                                du plan

65   10   »   le point G_1 »   le point G

72   22   » $(a_1{}^2 - b_1{}^2), (a_1{}^2 + b_1{}^2)$ » $(a_1{}^2 - b_1{}^2)^2, (a_1{}^2 + b_1{}^2)^2$

77   17   »   ce point   »   le point

83   13   »   quel que soit z »   quel que soit y

86   5   » $y = \pm \infty$ » $z = h$

86   6   »   les plans des yz »   le plan des xz

87   28   »   dans le plan des xz »   dans le plan des yz

88   20   »   Id.   »   Id.

89   14   » z_2 » z^2

108   18   » $x = a - \sqrt{a(d-a)}$ » $x = a - \sqrt{a(a-d)}$

112   14   »   dans un triangle BAC »   dans un triangle rec-
                                            tangle BAC

127   17   »   divisé   »   multiplié

128   2   » $DC = \dfrac{ds}{\sin \mu}$ » $DC = ds \sin \mu$

THÉORIE NOUVELLE

DES NORMALES

AUX SURFACES DU SECOND ORDRE.

CHAPITRE I.

THÉORÈMES ET PROBLÈMES SUR LES NORMALES AUX CONIQUES.

Il sera fait usage, dans la théorie des normales aux surfaces du second ordre, de plusieurs théorèmes et problèmes de géométrie plane dont on va d'abord s'occuper.

Définition. — Etant donnés une conique et un point dans son plan, un second point du plan sera dit le *point normal* conjugué du premier, par rapport à la conique, lorsqu'il sera l'intersection des deux normales menées à la rencontre réelle ou imaginaire de la conique et de la polaire du point donné.

PROBLÈME I. — *Etant connues les coordonnées* α, β *d'un point situé dans le plan d'une conique, trouver les coordonnées* x, y *du point normal conjugué.*

Traitons d'abord la question pour l'ellipse rapportée à son centre et à ses axes.

1

Soient a, b, c, les demi-axes et l'excentricité, x', y', x'', y'', les coordonnées des points où la polaire de (α, β) coupe l'ellipse.

En écrivant que l'équation de la polaire du point (α, β), c'est-à-dire

$$\frac{\alpha x}{a^2} + \frac{\beta y}{b^2} = 1$$

est satisfaite par x', y', x'', y'', on a deux équations, d'où l'on tire

$$\alpha = \frac{a^2(y'' - y')}{x'y'' - y'x''} \qquad \beta = \frac{b^2(x' - x'')}{x'y'' - y'x''};$$

de même les équations des deux normales aux points (x', y'), (x'', y''), donnent

$$x = \frac{c^2 x' x''(y'' - y')}{a^2(x'y'' - y'x'')} \qquad y = \frac{c^2 y' y''(x'' - x')}{b^2(x'y'' - y'x'')};$$

d'où

$$x = \frac{c^2 x' x'' \alpha}{a^4} \qquad y = -\frac{c^2 y' y'' \beta}{b^4};$$

mais on a facilement

$$x'x'' = \frac{a^4(b^2 - \beta^2)}{a^2\beta^2 + b^2\alpha^2} \qquad y'y'' = \frac{b^4(\alpha^2 - a^2)}{a^2\beta^2 + b^2\alpha^2};$$

donc

(1) $$x = \frac{c^2\alpha(b^2 - \beta^2)}{a^2\beta^2 + b^2\alpha^2} \qquad y = \frac{c^2\beta(\alpha^2 - a^2)}{a^2\beta^2 + b^2\alpha^2}.$$

Les formules précédentes résolvent le problème proposé pour l'ellipse, et l'on aura immédiatement les formules qui conviennent à l'hyperbole, par le changement de b^2 en $-b^2$.

Pour la parabole rapportée à son axe et à la tangente au sommet, on emploiera la même méthode, ou remplaçant, dans les formules (1), x et α par $x - a$ et $\alpha - a$, on fera tendre a et b vers l'infini sous la condition $\lim \left(\dfrac{b^2}{a} \right) = p$.

On aura ainsi les formules

$$(2) \qquad x = \frac{2\beta^2 - \alpha p + p^2}{p} \qquad y = \frac{-2\alpha\beta}{p}.$$

Remarque. — Les formules (1) et (2) montrent que le point normal conjugué d'un point réel est toujours réel, et elles permettent, dans tous les cas, de construire le premier point, lorsque le second est donné.

THÉORÈME I. — *D'un point donné, on peut toujours mener quatre normales à une conique à centre, et trois normales à une parabole.*

Le théorème est une conséquence immédiate des formules (1) et (2).

En effet, l'élimination de β entre les équations (1), ou celles qu'on en déduit par le changement de b^2 en $-b^2$, conduit à une équation du sixième degré en α : à un point normal donné (x, y), correspondent donc six pôles conjugués, par rapport à une conique à centre, et, par suite, quatre normales.

Par les formules (2), on voit de même que, d'un point quelconque pris dans le plan d'une parabole, on peut mener trois normales à cette courbe.

THÉORÈME II. — *Deux points (α, β), (α', β') ont même point normal conjugué, par rapport à l'ellipse, lorsque les relations suivantes sont satisfaites.*

$$(3) \qquad \alpha\alpha' = -a^2 \qquad \beta\beta' = -b^2.$$

En effet, les formules (1) ne changent pas, quand on y remplace α et β par $\dfrac{-a^2}{\alpha}$ et $\dfrac{-b^2}{\beta}$.

THÉORÈME III. — *Réciproquement, quand deux points* (α, β), (α', β'), *ont même point normal conjugué, on peut affirmer que leurs coordonnées satisfont aux équations* (3).

En effet, s'il en était autrement, on pourrait toujours déterminer un point (α'', β''), tel que l'on eût

$$\alpha\alpha'' = -a^2 \qquad \beta\beta'' = -b^2,$$

et au nouveau point correspondraient deux nouvelles normales, passant par le point normal conjugé des deux premiers, ce qui est impossible.

Remarque. — A un point normal donné correspondent trois groupes de deux points, dont les coordonnées sont liées par les équations (3), et, parmi ces groupes, il y en a toujours au moins un dont les deux points sont réels ; car l'équation du sixième degré en α, dont nous avons parlé plus haut, a son premier et son dernier terme de signes contraires.

On peut présenter les théorèmes II et III sous d'autres formes.

Définitions. — Si, d'un point, on abaisse les quatre normales à une ellipse, qu'on joigne leurs pieds par des droites, et que, par ces mêmes pieds, on mène les tangentes à la conique, on obtiendra ainsi deux quadrilatères, que nous appellerons, pour abréger, le premier, *le quadrilatère normal inscrit*, le second, *le quadrilatère normal circonscrit*, correspondant au point donné.

On peut dire alors que, *dans tout quadrilatère normal circonscrit à une ellipse, deux sommets opposés sont tels, que leurs coordonnées* (α, β), (α', β') *sont liées par les équations* (3), *et réciproquement, que si ces équations ont lieu pour les coordonnées* (α, β), (α', β') *de deux sommets opposés d'un quadrilatère circonscrit à l'ellipse, ce quadrilatère est nécessairement normal.*

D'un autre côté, on voit facilement que les abscisses des points où deux côtés opposés d'un quadrilatère normal inscrit coupent le grand axe de l'ellipse, et les ordonnées des points où les mêmes côtés coupent le petit axe, sont liées entre elles par des équations semblables aux équations (3).

On a donc ce nouvel énoncé (*) :

Les sommets d'une ellipse et les points de rencontre des axes et des côtés opposés d'un quadrilatère normal inscrit déterminent, sur les deux axes, deux involutions dont le centre commun est le centre même de l'ellipse, et réciproquement.

Pour l'hyperbole, on aura les théorèmes analogues aux théorèmes II et III par le simple changement de b^2 en $-b^2$.

PROBLÈME II. — *Déterminer le nombre des normales réelles que l'on peut mener à une ellipse, d'un point donné dans son plan.*

On peut voir immédiatement, sans calcul, quels sont les différents cas qui peuvent se présenter.

Soient (α, β), (α', β), les deux pôles réels correspondant à un point normal donné ; il est évident d'abord que si l'un des points (α, β') est intérieur à l'ellipse, l'autre sera extérieur. En effet, en ne considérant que les valeurs absolues, on a $\alpha < a$, $\beta < b$, et, par suite, à cause des relations (3), $\alpha' > a$, $\beta' > b$; le second point (α', β') est donc extérieur à l'ellipse.

De là résulte que les quatre normales, partant du point donné, ne sont jamais toutes imaginaires, et que si l'un des points (α, β) est intérieur à l'ellipse, du point donné on pourra mener deux normales réelles et deux normales imaginaires.

Les deux points (α, β), (α', β') pourront être tous deux extérieurs à l'ellipse, (cela arrivera, par exemple, si le point (α, β) est extérieur à l'ellipse, les valeurs absolues de α et β étant respectivement plus petites que a et b); alors, du point donné on pourra mener quatre normales réelles.

Dans le cas où l'un des pôles sera sur l'ellipse, l'autre sera évidemment extérieur à la courbe, et du point donné on pourra mener trois normales, dont l'une sera double.

Voyons maintenant à quelles conditions le point normal (x, y) doit satisfaire, pour que l'un des trois cas précédents ait lieu.

Pour cela, remarquons que l'équation du sixième degré en α,

(*) Je dois à **M. Mannheim** cette forme *toute géométrique* des théorèmes **II** et **III**.

qui résulte de l'élimination de β entre les équations (1), a ses racines liées, deux à deux, par les équations (3) ; si donc on pose

$$\alpha - \frac{a^2}{\alpha} = \frac{4a}{z},$$

l'équation s'abaissera au troisième degré, à la manière des équations réciproques, et l'on aura, pour déterminer z, l'équation

$$(4) \qquad b^2 y^2 z^3 + 4(a^2 x^2 + b^2 y^2 - c^4) z + 16 a^2 c x = 0,$$

à laquelle Legendre est aussi arrivé autrement.

Si, du point donné, on peut mener quatre normales réelles, les trois valeurs de z seront réelles, et, de plus, deux seront égales si deux des normales se confondent en une seule.

Au contraire, si du point donné partent deux normales réelles et deux normales imaginaires, à ces deux groupes de normales, et à ceux-là seulement correspond une valeur réelle de z ; les trois réciproques sont évidentes.

Or, on trouve que l'équation (4) a trois racines réelles et inégales ; trois racines réelles, dont l'une double ; deux racines réelles et deux imaginaires, suivant que l'on a

$$\left(\frac{ax}{c^2}\right)^{\frac{2}{3}} + \left(\frac{by}{c^2}\right)^{\frac{2}{3}} - 1 \gtreqless 0.$$

L'un des trois cas que nous venons d'énoncer se présentera donc, suivant que le point donné sera à l'intérieur, sur la circonférence ou à l'extérieur de la courbe, dont l'équation est

$$(5) \qquad \left(\frac{ax}{c^2}\right)^{\frac{2}{3}} + \left(\frac{by}{c^2}\right)^{\frac{2}{3}} = 1.$$

On a une discussion semblable pour le problème relatif à l'hyperbole.

Quant à la parabole, on trouve facilement que, d'un point

donné, on peut mener à cette courbe trois normales réelles; deux normales réelles, dont l'une double, ou une seule normale réelle, suivant que le point donné est à l'intérieur, sur la circonférence ou à l'extérieur de la courbe, dont l'équation est

$$y^2 = \frac{8}{27p}(x-p)^3.$$

PROBLÈME III. — *Etant donné un point* (x, y), *trouver le lieu géométrique des points* (α, β), *tels que la droite qui joint les points* (x, y), (α, β), *soit perpendiculaire à la polaire du second point, par rapport à une conique.*

Dans le cas de l'ellipse, on trouve immédiatement une hyperbole équilatère, dont l'équation est

(6) $$c^2\alpha\beta + b^2y\alpha - a^2x\beta = 0$$

et, pour le cas de l'hyperbole, il suffit de changer, dans l'équation précédente, b^2 en $-b^2$.

Remarquons en passant que, d'après sa définition, l'hyperbole équilatère doit couper la conique donnée, aux pieds des normales partant du point (x, y), et que deux des points d'intersection sont nécessairement réels; de là résulte le théorème déjà démontré : que d'un point on peut mener, à une conique à centre, quatre normales, dont deux au moins sont réelles.

Pour la parabole, on trouve de même

(7) $$\alpha\beta + (p-x)\beta + py = 0,$$

et l'on en conclut que d'un point on peut toujours mener à une parabole trois normales, dont une au moins est réelle.

THÉORÈME IV. — *Si l'on fait mouvoir un point sur une normale à une ellipse, qu'on joigne les trois pieds des normales mobiles partant de ce point, et que sur les cordes correspondantes et de leurs pôles on abaisse trois perpendiculaires, ces dernières lignes se coupent en un point qui restera toujours le même lorsque le point donné se déplacera sur la normale fixe.*

Soient α, β les coordonnées d'un des pôles des cordes qui joignent les pieds des normales mobiles; α', β' les coordonnées du pôle opposé, dans le quadrilatère normal circonscrit, correspondant au point de départ donné des normales : le point (α', β') se trouvera nécessairement sur la tangente menée par le pied de la normale fixe; et si l'on désigne par m le coefficient angulaire de cette tangente, on aura

$$(8) \qquad \beta' = m\alpha' + \sqrt{a^2m^2 + b^2}.$$

Alors, appliquant le théorème III, il viendra

$$(9) \qquad \sqrt{a^2m^2 + b^2}\,\alpha\beta + b^2\alpha - ma^2\beta = 0.$$

c'est-à-dire que tous les pôles dont il est question dans l'énoncé du théorème se trouvent sur une même hyperbole équilatère, quel que soit le point de départ des trois normales mobiles.

Mais on peut identifier les équations (6) et (9), en posant

$$(10) \qquad x = \frac{mc^2}{\sqrt{a^2m^2 + b^2}} \qquad\qquad y = \frac{c^2}{\sqrt{a^2m^2 + b^2}}.$$

Donc, si l'on se rappelle la signification géométrique de l'équation (6), on peut dire que, dans toutes les positions du point mobile, les lignes qui joignent le point (x, y), déterminé par les équations (10), aux pôles des cordes passant par les pieds des normales, sont perpendiculaires à ces cordes. De là résulte évidemment le théorème : le point déterminé par les équations (10) est le point fixe de l'énoncé.

On voit d'ailleurs facilement que ce point est symétrique, par rapport au centre de l'ellipse, du point où se coupent les parallèles aux axes menées par les points de rencontre de ces axes et de la normale.

Définition. — Lorsque la normale fixe est déterminée, le point donné par les équations (10) est connu, et réciproquement; nous dirons alors que la normale et le point sont *correspondants.*

THÉORÈME V. — *Si, d'un point quelconque pris dans le plan d'une ellipse, on mène les normales à cette courbe, puis les cordes passant par leurs pieds, les perpendiculaires à ces cordes, abaissées de leurs pôles, se couperont toujours trois à trois sur une même conique.*

En effet, si l'on donne à la normale primitivement fixe de la démonstration précédente toutes les positions possibles, et que, dans chaque position, on répète les constructions indiquées, on aura évidemment toutes les normales abaissées des différents points du plan.

Pour obtenir le lieu demandé, il suffira donc d'éliminer m entre les équations (10); on aura ainsi

(11) $$a^2 x^2 + b^2 y^2 - c^4 = 0.$$

C'est l'équation d'une ellipse.

THÉORÈME VI. — *Réciproquement, si un point est pris sur l'ellipse* (11), *on peut toujours inscrire à l'ellipse, dont les axes sont* 2a *et* 2b, *une infinité de triangles tels que les lignes joignant le point donné aux pôles des côtés soient perpendiculaires à ces côtés, et les normales aux sommets de chaque triangle inscrit se couperont toujours en un même point d'une normale fixe.*

En effet, prenons le point symétrique du point donné par rapport au centre, projetons-le sur les axes, et par les projections faisons passer une droite.

On voit d'abord que le point donné étant sur l'ellipse (11), et pouvant être représenté par les équations (10), la droite dont il s'agit aura pour équation

$$y = -\frac{1}{m} x - \frac{c^2}{\sqrt{a^2 m^2 + b^2}},$$

et, par suite, sera une normale à l'ellipse (a, b) (*).

(*) On désigne ainsi une ellipse dont les demi-axes sont a et b.

Si, maintenant, de tous les points de cette dernière ligne on abaisse les trois autres normales, et qu'on joigne leurs pieds, les triangles inscrits, ainsi obtenus, jouiront de la propriété indiquée par l'énoncé (Th. IV).

Théorème VII. — *Si une corde d'une ellipse se meut de manière que les normales de ses extrémités se coupent sur la courbe, cette corde enveloppe une ellipse.*

En effet, soit BC cette corde, BA, CA les normales en B et C qui se coupent en un même point A de l'ellipse ; le pôle D de la corde BC sera évidemment le point d'intersection des trois perpendiculaires abaissées sur les cordes AB, AC, BC de leurs pôles ; il appartiendra donc à la conique (11), (Th. V), et, par suite, sa polaire BC enveloppera elle-même une conique.

Corollaire I. — Un point D quelconque de l'ellipse (11) a son point normal conjugué sur l'ellipse (a, b).

Corollaire II. — *La normale correspondante* à un point D quelconque de la conique (11) ne sera ni l'une, ni l'autre des deux normales dont les pieds sont les extrémités de la polaire BC du point D, ni la normale dont le pied est en A, mais bien la dernière des quatre normales passant en A.

Le corollaire II conduit à une construction de la *normale correspondante* à un point donné de l'ellipse (11), différente de celle qui a été indiquée plus haut.

Le théorème VII peut encore se démontrer directement, comme il suit.

Soit A un point de l'ellipse, d'où l'on mène les quatre normales ; ce point sera le pied d'une des normales ; soient aussi B, C, D les pieds des trois autres.

Les trois normales AB, AC, AD seront tangentes à la développée de l'ellipse, représentée par l'équation (5) ; mais on sait que la polaire réciproque, par rapport à l'ellipse (a, b), d'une courbe dont l'équation est

$$\left(\frac{x}{p}\right)^m + \left(\frac{y}{q}\right)^m = 1$$

a elle-même pour équation

$$\left(\frac{p\alpha}{a^2}\right)^{\frac{m}{m-1}} + \left(\frac{q\beta}{b^2}\right)^{\frac{m}{m-1}} = 1.$$

Les trois sommets du quadrilatère normal circonscrit, qui ont pour polaires les trois droites AB, AC et AD, se trouveront donc sur la courbe

$$a^6\beta^2 + b^6\alpha^2 = c^4\alpha^2\beta^2.$$

D'après le théorème III, les trois autres sommets du quadrilatère normal, c'est-à-dire les pôles des côtés BC, BD et CD décriront l'ellipse

$$a^2\alpha'^2 + b^2\beta'^2 = c^4.$$

Par suite, en appliquant le même théorème qu'en commençant, les cordes BC, BD et CD, qui sont telles que les normales de leurs extrémités se coupent en un même point A de l'ellipse donnée, envelopperont une ellipse dont l'équation est

$$c^4b^6x^2 + c^4a^6y^2 = a^6b^6.$$

On peut encore démontrer le théorème en remplaçant dans l'équation ordinaire de l'ellipse x et y par les valeurs que donnent les formules (1); on aura ainsi une équation du sixième degré, qui se décomposera en deux facteurs, l'un du second, l'autre du quatrième degré.

On obtient facilement, pour l'hyperbole, les analogues des théorèmes précédemment démontrés pour l'ellipse.

Voici maintenant des théorèmes qui se rapportent à la parabole.

THÉORÈME VIII. — *Si d'un point quelconque, pris sur un diamètre d'une parabole, on mène les trois normales à cette courbe et les cordes qui unissent leurs pieds, les perpendiculaires abaissées sur ces cordes, de leurs pôles, se coupent en un même point, qui ne change pas lorsque le point donné se déplace sur le diamètre.*

En effet, supposons qu'un point (x, y) se meuve sur le diamètre $y = k$, et soient α, β les coordonnées d'un des pôles de l'énoncé, à cause de la première des équations (2), on aura

$$-2\alpha\beta = pk$$

pour équation du lieu des pôles.

En l'identifiant avec (7), il viendra

$$x = p \qquad y = -\frac{k}{2},$$

Donc les trois perpendiculaires de l'énoncé se coupent toujours en un même point donné par les deux équations précédentes.

Théorème IX. — *Si d'un point quelconque du plan d'une parabole on mène, à cette courbe, les trois normales avec les cordes qui joignent leurs pieds, les perpendiculaires abaissées sur ces cordes, de leurs pôles, se coupent toujours sur une droite fixe, parallèle à la directrice.*

En effet, dans la démonstration du théorème précédent, si l'on prend successivement tous les diamètres, on aura toujours

$$x = p,$$

Théorème X. — *Réciproquement, si un point est pris sur la droite* x = p, *on pourra toujours inscrire à la parabole une infinité de triangles, tels que les lignes joignant le point donné aux pôles des côtés soient perpendiculaires à ces côtés, et les normales aux sommets de chaque triangle inscrit se couperont toujours en un même point d'un diamètre fixe.*

La démonstration est toute semblable à celle du théorème VI.

Théorème XI. — *Si un point décrit un diamètre de la parabole, le point normal conjugué décrira une normale.*

C'est ce que l'on voit immédiatement en éliminant α entre les équations (2), où β est supposé constant.

Nous avons donné ici seulement les théorèmes et problèmes

dont il sera fait application aux surfaces ; mais on peut en trouver beaucoup d'autres intéressants, par l'emploi des formules (1) et (2).

En général, à l'aide de ces formules, on résoudra les deux problèmes suivants :

Connaissant l'équation A du lieu d'un point situé dans le plan d'une conique, trouver le lieu B du point normal conjugué.

Réciproquement, connaissant l'équation B du lieu d'un point normal, trouver l'équation D du lieu décrit par les six pôles conjugués correspondants.

L'intérêt principal de ces questions, au point de vue algébrique, c'est qu'en général l'équation D n'étant pas identique avec l'équation A, on a à décomposer une équation en facteurs, dont l'un est connu d'avance.

On trouvera un grand nombre d'exemples de ce genre dans l'ouvrage publié, l'année dernière, sous le titre : *Théorèmes et problèmes sur les normales aux coniques* (*).

(*) Mallet-Bachelier.

CHAPITRE II.

I.

PROBLÈME I. — *D'un point donné mener une normale à l'ellipsoïde.*

La surface est rapportée, comme à l'ordinaire, à son centre et à ses axes.

Les équations d'une normale au point (x_i, y_i, z_i) de l'ellipsoïde sont

$$(1) \qquad \frac{a^2(x - x_i)}{x_i} = \frac{b^2(y - y_i)}{y_i} = \frac{c^2(z - z_i)}{z_i},$$

les coordonnées x_i, y_i, z_i, satisfaisant à l'équation

$$(2) \qquad \frac{x_i^2}{a^2} + \frac{y_i^2}{b^2} + \frac{z_i^2}{c^2} = 1,$$

Si, maintenant, la normale est menée du point (x_0, y_0, z_0), on a

$$(3) \qquad \frac{a^2(x_0 - x_i)}{x_i} = \frac{b^2(y_0 - y_i)}{y_i} = \frac{c^2(z_0 - z_i)}{z_i}.$$

De ces équations on tire

$$(4) \qquad y_i = \frac{b^2 y_0 x_i}{a^2 x_0 - (a^2 - b^2) x_i}$$

$$(5) \qquad z_i = \frac{c^2 z_0 x_i}{a^2 x_0 - (a^2 - c^2) x_i}$$

et en substituant à y_1, z_1, leurs valeurs dans l'équation (2), on obtient une équation du sixième degré en x_1, dont le premier et le dernier terme sont de signes contraires.

On peut donc toujours, d'un point donné, mener à un ellipsoïde six normales, dont deux au moins sont réelles,

THÉORÈME 1. — *Les six normales menées d'un même point à un ellipsoïde sont sur un même cône du second degré* (Chasles).

Pour démontrer le théorème, il suffit évidemment de faire voir qu'une droite qui tourne autour d'un point fixe, en contenant toujours le pôle, pris par rapport à l'ellipsoïde, d'un plan perpendiculaire à sa direction, décrit un cône du second degré.

En effet, chacune des normales partant du point donné, et le plan tangent correspondant, satisfont à la définition générale de la droite mobile et du plan qui lui est associé.

Pour trouver le lieu demandé, remarquons d'abord que les équations (1), considérées isolément, sans qu'on y adjoigne l'équation (2), représentent précisément la droite perpendiculaire à un plan qui a son pôle situé sur elle ; on exprime d'ailleurs par les équations (3) que cette droite passe par le point fixe (x_0, y_0, z_0).

Si, maintenant, on veut avoir le lieu des traces sur le plan des (x, y), des droites satisfaisant aux conditions de l'énoncé, il suffira d'éliminer x_1 et y_1, entre les trois équations

$$x_1 = \frac{a^2 X}{a^2 - c^2} \qquad y_1 = \frac{b^2 Y}{b^2 - c^2} \qquad \frac{x_1 - x_0}{X - x_0} = \frac{y_1 - y_0}{Y - y_0},$$

où X et Y désignent les coordonnées des traces ;

On obtient ainsi l'équation

$$(a^2 - b^2) XY + (c^2 - a^2) x_0 Y + (b^2 - c^2) y_0 X = 0.$$

Le lieu demandé est donc bien un cône du second degré, puisque la droite mobile passe pour un point fixe, et a pour directrice une courbe du second degré, représentée par l'équation précédente.

Si l'on veut avoir l'équation du cône aux normales, il suffira, d'après le procédé connu, de remplacer, dans l'équation de la directrice, X et Y par $\dfrac{x_0 z - z_0 x}{z - z_0}$, $\dfrac{y_0 z - z_0 y}{z - z_0}$;

il vient ainsi

$$(6) \qquad \frac{(b^2 - c^2)\, x_0}{x - x_0} + \frac{(c^2 - a^2)\, y_0}{y - y_0} + \frac{(a^2 - b^2)\, z_0}{z - z_0} = 0;$$

c'est l'équation demandée.

EXERCICES.

(1). Démontrer que, si l'on fait mouvoir le point de départ des normales à l'ellipsoïde, successivement sur les trois parallèles aux axes menées par un point donné (x_0, y_0, z_0), les traces des normales, sur les plans principaux conjugués à chaque parallèle seront toujours sur les sections du cône (6) par ces mêmes plans.

(2). Quand le point de départ des normales est dans l'un des plans principaux ($z = 0$, par exemple), le cône (6) se change en deux plans : l'un, le plan principal lui-même ; l'autre, un plan qui lui est perpendiculaire.

On propose de faire voir qu'on aura les pieds des deux normales, qui ne sont pas dans le plan principal, par la construction suivante :

Par le point donné $(x_0, y_0, 0)$, menez la droite

$$(7) \qquad y - y_0 = \frac{a^2 - c^2}{b^2 - c^2}\, \frac{y_0}{x_0}(x - x_0) \qquad z = 0.$$

Du pôle de cette droite, pris par rapport à l'ellipse principale, abaissez une perpendiculaire sur sa direction, et du pied de cette perpendiculaire menez les deux tangentes à l'ellipse qui se projette sur le plan principal suivant la droite (7); les deux points de contact seront les pieds des deux dernières normales.

(3). Démontrer que le lieu géométrique des sommets des cônes aux normales, qui sont de révolution, se compose des quatre droites représentées par les équations

$$x = \pm \frac{(a^2-b^2)z}{b^2-c^2}, \qquad y = \pm \frac{(a^2-b^2)z}{c^2-a^2}.$$

(4). Les droites menées par le point de départ des normales, parallèlement aux axes principaux de l'ellipsoïde, la droite qui aboutit au centre de la surface, et les trois axes principaux du cône qui lui est circonscrit et qui a pour sommet le point donné, sont sept génératrices du cône aux normales.

(5). Quand plusieurs surfaces du second degré sont homothétiques et concentriques, si, par un point quelconque, on leur mène des normales, toutes ces droites forment un cône du second degré.

(6). Quand, par la courbe d'intersection d'une surface du second degré et d'une sphère, on fait passer une infinité d'autres surfaces du second degré, les normales abaissées du centre de la sphère sur ces surfaces formeront un cône du second degré.

Démonstration. — Mettant l'origine des coordonnées au point (x_0, y_0, z_0), l'équation générale des surfaces du second ordre sera

$$b^2 c^2 (x+x_0)^2 + a^2 c^2 (y+y_0)^2 + b^2 c^2 (z+z_0)^2 - a^2 b^2 c^2 + \lambda(x^2+y^2+z^2) = 0,$$

celle du cône aux normales, correspondant à l'ellipsoïde donné par l'hypothèse $\lambda = 0$, est

$$\frac{(b^2-c^2)x_0}{x} + \frac{(c^2-a^2)y0}{y} + \frac{a^2-b^2)z0}{z} = 0.$$

La question revient à prouver que les normales à l'une quelconque des surfaces du second ordre se trouvent sur le cône précédent.

Les coordonnées x, y, z d'un point quelconque d'une normale étant remplacées, dans l'équation du cône, par les coordonnées x_i, y_i, z_i du pied de la normale qui leur sont proportionnelles, on a à vérifier l'équation

$$(\mu) \qquad (b^2-c^2)x_0 y_i z_i + (c^2-a^2)y_0 x_i z_i + (a^2-b^2)z_0 x_i y_i = 0;$$

Mais, en exprimant que les équations de la normale à l'une quelconque

2

des surfaces sont satisfaites par x_i, y_i, z_i, et éliminant entre elles le paramètre λ, on a facilement

$$(a^2 - b^2)x_i y_i = b^2 x_0 y_i - a^2 y_0 x_i$$
$$(c^2 - a^2)x_i z_i = a^2 z_0 x_i - c^2 x_0 z_i$$
$$(b^2 - c^2)y_i z_i = c^2 y_0 z_i - b^2 z_0 y_i$$

remplaçant maintenant dans l'équation (μ) les multiplicateurs de x_0, y_0, z_0 par les quantités qui leur sont égales, d'après les équations précédentes, on tombe sur une identité.

Les théorèmes (4), (5) et (6) ont été donnés par M. Chasles, qui les a déduits de la théorie des cônes conjoints (*).

II.

Je vais donner maintenant les théorèmes nouveaux auxquels on est conduit, en suivant la même méthode que pour les coniques, c'est-à-dire en introduisant, comme variables auxiliaires, dans le problème des normales menées d'un point donné à l'ellipsoïde, les coordonnées α, β, γ, du pôle d'un quelconque des vingt plans qui passent par les pieds de trois normales issues d'un même point.

Soient toujours, x_0, y_0, z_0, les coordonnées du point de départ des normales, x_1, y_1, z_1, x_2, y_2, z_2, x_3, y_3, z_3, celles des pieds de trois des normales α, β, γ, les coordonnées du plan qui passe par ces trois pieds, on aura, entre x_1, y_1, z_1, les équations (2) et (3), auxquelles il faudra adjoindre l'équation

$$(8) \qquad \frac{\alpha x_i}{a^2} + \frac{\beta y_i}{b^2} + \frac{\gamma z_i}{c^2} = 1.$$

En remplaçant dans la dernière équation y_i et z_i par les valeurs

(*) Liouville, t. III, p. 433; l'idée première de la théorie des cônes conjoints est due à M. Terquem.

que donnent (4) et (5), on a une équation du troisième degré en x_1

(9)
$$M x_1^3 + N x_1^2 + P x_1 + Q = 0$$

dans laquelle

$$M = (a^2 - b^2)(a^2 - c^2)\alpha$$
$$N = -a^2[(2a^2 - b^2 - c^2)\alpha x_0 + (a^2 - c^2)\beta y_0 + (a^2 - b^2)\gamma z_0$$
$$+ (a^2 - b^2)(a^2 - c^2)],$$
$$P = a^4 x_0(\alpha x_0 + \beta y_0 + \gamma z_0 + 2a^2 - b^2 - c^2)$$
$$Q = -a^6 x_0^2.$$

Si, maintenant, on substitue dans l'équation (8) la valeur de y_1 que donne l'équation (4), et qu'après cette substitution, on résolve par rapport à z_1, il viendra

$$z_1 = \frac{c^2[(a^2 - b^2)\alpha x_1^2 - a^2(\alpha x_0 + \beta y_0 + a^2 - b^2)x_1 + a^4 x_0]}{a^2 \gamma(a^2 x_0 - (a^2 - b^2)x_1)}$$

Remplaçant alors, dans l'équation (2), z_1 et y_1 par les valeurs que donnent l'équation précédente et l'équation (4), on a une équation du quatrième degré en x_1

$$M_1 x_1^4 + N_1 x_1^3 + P_1 x_1^2 + Q_1 x_1 + R_1 = 0,$$

dans laquelle

$$M_1 = (a^2 - b^2)^2(a^2\gamma^2 + c^2\alpha^2),$$
$$N_1 = -2a^2(a^2 - b^2)[(a^2\gamma^2 + c^2\alpha^2)x_0 + c^2\alpha\beta y_0 + (a^2 - b^2)c^2\alpha],$$
$$P_1 = a^4[(a^2\gamma^2 + c^2\alpha^2)x_0^2 + (b^2\gamma^2 + c^2\beta^2)y_0^2 + 2c^2\alpha\beta x_0 y_0 + 4(a^2 - b^2)c^2\alpha x_0$$
$$+ 2c^2\beta(a^2 - b^2)y_0 + (c^2 - \gamma^2)(a^2 - b^2)^2].$$
$$Q_1 = -2a^6[c^2\alpha x_0^2 + c^2\beta x_0 y_0 + (c^2 - \gamma^2)(a^2 - b^2)x_0],$$
$$R_1 = a^8(c^2 - \gamma^2)x_0^2;$$

mais si on multiplie l'équation précédente par M et l'équation (9) par $M_1 x_1$, et qu'on retranche ensuite membre à membre, on obtient une équation du troisième degré à laquelle x_1 doit encore satisfaire

(10)
$$M_2 x_1^3 + N_2 x_1^2 + P_2 x_1 + Q_2 = 0,$$

on calculera facilement les coefficients de cette équation.

Il est clair que les équations (9) et (10) doivent être satisfaites simultanément, non-seulement par x_1, mais aussi par x_2 et x_3; elles sont donc identiques, et l'on a

(11)
$$\frac{M_2}{M} = \frac{Q_2}{Q} \qquad \frac{P_2}{P} = \frac{Q_2}{Q} \qquad \frac{N_2}{N} = \frac{Q_2}{Q},$$

Avant de continuer le calcul, donnons l'interprétation géométrique de la méthode.

Si l'on considère x_1, y_1, z_1 comme les coordonnées courantes, une hyperbole est représentée par les équations (4) et (8), et une courbe à double courbure du troisième ordre par les équations (4) et (5).

Alors, en identifiant les équations (9) et (10), on écrit que l'hyperbole et la courbe du troisième ordre ont trois points communs qui appartiennent aussi à l'ellipsoïde.

Les trois équations (11) lient entre elles les six coordonnées x_0, y_0, z_0, α, β, γ, et comme nous avons écrit toutes les conditions du problème, il est évident que toute autre relation entre ces mêmes quantités en serait une conséquence.

La première des équations (11), qui est du premier degré en x_0, y_0, z_0, étant représentée par

(12)
$$A x_0 + B y_0 + C z_0 = D,$$

on trouve

$$A = (c^2 - b^2)(a^2 \gamma^2 + c^2 \alpha^2)\alpha,$$
$$B = (a^2 - c^2)(a^2 \gamma^2 - c^2 \alpha^2)\beta,$$
$$C = (a^2 - b^2)(a^2 \gamma^2 + c^2 \alpha^2)\gamma,$$
$$D = (a^2 - c^2)(c^2 - b^2)c^2 \alpha^2 + (a^2 - c^2)^2 \alpha^2 \gamma^2 - (a^2 - b^2)(a^2 - c^2)a^2 \gamma^2.$$

Quant aux dernières équations (11), elles sont respectivement du premier et du second degré ; mais, comme nous allons le voir, il est inutile de les écrire sous leur forme explicite.

Par raison de symétrie, de l'équation (12) on déduit deux autres, en permutant y, b, β, avec z, c, γ et x, a, α ; nous les représenterons ainsi :

$$(13) \qquad A_1 x_0 + B_1 y_0 + C_1 z_0 = D_1,$$

$$(14) \qquad A_2 x_0 + B_2 y_0 + C_2 z_0 = D_2,$$

la première permutation correspond à une nouvelle manière de former l'équation du quatrième degré en x_1, en ramenant la valeur de y_1 à avoir le même dénominateur que celle de z_1, et la seconde donne l'équation qu'on eût obtenue, si l'on avait traité y_1 comme x_1 dans le calcul précédent.

Maintenant, si l'on multiplie les équations (12), (13), (14) respectivement par b^2, c^2, a^2, et qu'on les ajoute membre à membre, x_0, y_0, z_0, se trouvent éliminés, et l'on a

$$(15) \quad (a^2-b^2)^2(a^2b^2\gamma^2-c^2\alpha^2\beta^2)+(a^2-c^2)^2(a^2c^2\beta^2-b^2\alpha^2\gamma^2)$$
$$+(b^2-c^2)^2(b^2c^2\alpha^2-a^2\beta^2\gamma^2)=0.$$

On peut donc énoncer le théorème suivant :

THÉORÈME II. — *Si d'un point quelconque, on mène les six normales à un ellipsoïde, les pôles des plans passant par les pieds des normales pris trois à trois, sont toujours sur la surface du quatrième ordre représentée par l'équation* (15).

Pour abréger, nous appellerons dorénavant la surface (15), la surface *normopolaire* de l'ellipsoïde.

Les coordonnées x_0, y_0, z_0, sont liées aux coordonnées α, β, γ, par les équations (12), (13) et (14), et il résulte évidemment de notre analyse, que toute équation entre les mêmes quantités est une conséquence de celles-là, comme on pourra le vérifier en particulier, pour la seconde et la troisième des équations (11).

Mais le système des équations (12), (13) et (14) est équivalent au système des équations (12), (13) et (15) ; et ce dernier système peut être lui-même remplacé par un système formé de l'équation (15) et des deux équations suivantes :

$$(16) \begin{cases} \dfrac{a^2\beta^2+b^2\alpha^2}{a^2-b^2}\,\dfrac{x_0}{\alpha}+\dfrac{b^2\gamma^2+c^2\beta^2}{c^2-b^2}\,\dfrac{z_0}{\gamma}=b^2-\beta^2, \\[3mm] \dfrac{a^2\beta^2+b^2\alpha^2}{b^2-a^2}\,\dfrac{y_0}{\beta}+\dfrac{a^2\gamma^2+c^2\alpha^2}{c^2-a^2}\,\dfrac{z_0}{\gamma}=a^2-\alpha^2. \end{cases}$$

On remarque que les équations (15) et (16) ne changent pas, quand on y remplace α, β, γ, par $-\dfrac{a^2}{\alpha}$, $-\dfrac{b^2}{\beta}$, $-\dfrac{c^2}{\gamma}$; si donc d'un point quelconque, on mène les six normales à l'ellipsoïde et le plan de pôle (α, β, γ) qui passe par les pieds de trois d'entre elles, on pourra déterminer un plan de pôle $\left(-\dfrac{a^2}{\alpha}, -\dfrac{b^2}{\beta}, -\dfrac{c^2}{\gamma}\right)$, tel que les trois normales dont les pieds partent de ce second plan se couperont en un même point, que les trois autres : ce seront donc les trois dernières normales, et on a le théorème suivant, analogue au théorème III, page 4 (*).

THÉORÈME III. — *Si d'un point on mène les six normales à un ellipsoïde, que par les pieds de trois d'entre elles on fasse passer un premier plan, puis un second par les trois pieds restants, (α, β, γ), $(\alpha', \beta', \gamma')$ étant les coordonnées des pôles des deux plans, on a toujours*

$$\alpha\alpha'=-a^2, \qquad \beta\beta'=-b^2, \qquad \gamma\gamma'=-c^2.$$

Remarque. — Par analogie avec ce qui a été fait pour les normales aux coniques, et dans l'espoir de simplifier la discussion du

---

(*). Lorsque l'équation ou le théorème cités ne font pas partie du chapitre, on indique le numéro de la page.

problème des normales menées d'un point donné à l'ellipsoïde, on pourrait penser à prendre, pour inconnue auxiliaire, l'abcisse α d'un des pôles des plans qui passent par les pieds des normales ; mais, comme le nombre de ces plans est vingt, on aurait pour déterminer α une équation du vingtième degré. Cette équation, il est vrai, s'abaisserait au dixième degré, à cause de la propriété de réciprocité indiquée par le théorème III ; mais on aurait finalement à discuter une équation d'un degré plus élevé que la proposée.

La discussion du problème se présentera plus loin d'une autre manière.

On peut évidemment conclure des calculs qui ont été faits plus haut que, lorsque trois normales, dont les pieds sont sur une section plane de l'ellipsoïde, se coupent en un même point, le plan sécant a nécessairement son pôle sur la surface normo-polaire.

La condition est d'ailleurs suffisante.

Mais, quand le point (α, β, γ) est donné sur la surface normo-polaire, on n'a, pour calculer x_0, y_0, z_0, que les deux équations (16) ; le point (x_0, y_0, z_0) n'est donc pas déterminé, mais se trouve sur la droite représentée par les équations

$$(17) \quad \begin{cases} \dfrac{a^2\beta^2 + b^2\alpha^2}{a^2 - b^2} \dfrac{x}{\alpha} + \dfrac{b^2\gamma^2 + c^2\beta^2}{c^2 - b^2} \dfrac{z}{\gamma} = b^2 - \beta^2, \\[2ex] \dfrac{a^2\beta^2 + b^2\alpha^2}{b^2 - a^2} \dfrac{y}{\beta} + \dfrac{a^2\gamma^2 + c^2\alpha^2}{c^2 - a^2} \dfrac{z}{\gamma} = a^2 - \alpha^2. \end{cases}$$

Ainsi, parmi les courbes planes tracées sur l'ellipsoïde, il n'y a que celles dont les plans ont leurs pôles sur la surface normopolaire qui jouissent de cette propriété, que trois normales, dont les pieds sont sur sa circonférence, se coupent en un même point ; alors la condition est remplie pour une infinité de groupes de trois normales, et le lieu du point de concours des normales de chaque groupe est une droite représentée par les équations (17).

Si l'on considère la surface gauche, formée par les normales à l'ellipsoïde, dont les pieds sont sur la section déterminée par un plan dont le pôle (α, β, γ) appartient à la surface normopolaire, il est évident que toutes les génératrices de la surface gauche sont coupées par la droite (17).

Pour cette raison, nous appellerons la droite (17) la *synnormale* du plan de pôle (α, β, γ).

Ainsi, nous dirons qu'un plan a une *synnormale*, lorsque son pôle est situé sur la surface normopolaire de l'ellipsoïde.

Nous appellerons aussi *point trinormal conjugué d'un plan ou du pôle de ce plan, par rapport à un ellipsoïde*, le point d'intersection de trois normales partant de la section correspondante. On peut alors énoncer les résultats précédents de la manière suivante :

Théorème IV. — *Un point considéré comme pôle, par rapport à un ellipsoïde, ne peut avoir un point trinormal conjugué que s'il est situé sur la surface normopolaire; mais alors, non-seulement il y a un point trinormal conjugué, mais on en trouve une infinité dont le lieu est la synnormale du plan.*

Théorème V. — *Deux plans de pôles (α, β, γ), $(\alpha', \beta', \gamma')$, situés sur la surface normopolaire, ont même synnormale, si les relations suivantes sont satisfaites :*

$$(18) \qquad \alpha\alpha' = -a^2, \qquad \beta\beta' = -b^2, \qquad \gamma\gamma' = -c^2,$$

et, par suite, tout point de la synnormale commune est le point de départ de six normales, qui ont leurs pieds sur les sections faites, dans l'ellipsoïde, par les deux plans.

En effet, d'après une observation déjà faite, les équations de la surface normopolaire et celles de la synnormale d'un plan ne changent pas, quand on y remplace α, β, γ par $\dfrac{a^2}{\alpha}, \dfrac{b^2}{\beta}, \dfrac{c^2}{\gamma}$.

Corollaire. — Par un point donné, passent toujours dix synnormales réelles ou imaginaires.

Théorème VI. — *A un point donné, d'où l'on abaisse les six nor-*

males à l'ellipsoïde, correspondent toujours vingt pôles conjugués, dont deux au moins sont réels.

En effet, en admettant que, parmi les six normales partant du point donné, il puisse y en avoir d'imaginaires, il y en aura deux ou quatre.

Dans le premier cas, on fera passer un plan par trois pieds réels, et un autre par les trois derniers.

Dans le second cas, on mènera un plan par une normale réelle et deux imaginaires, et, par les trois dernières normales, un autre plan.

Mais un plan, passant par deux points imaginaires conjugués et un point réel ayant son pôle réel, le théorème est démontré.

Les deux pôles réels ne seront d'ailleurs jamais intérieurs à l'ellipsoïde, car il sera démontré au chapitre V que la surface normopolaire est tout entière extérieure à l'ellipsoïde, sauf qu'elle le touche en quatre points.

Corollaire. — Parmi les dix synnormales passant par un point donné, il y en a toujours au moins une réelle.

III.

Nous allons maintenant reprendre l'étude des normales, à l'ellipsoïde, sous un nouveau point de vue qui nous fera retrouver les propriétés déjà démontrées, avec d'autres aussi remarquables, que la première méthode ne donnerait pas avec une égale facilité.

Traitons d'abord directement cette question : un plan qui coupe l'ellipsoïde a-t-il toujours une synnormale ?

Si, d'abord, on suppose le plan sécant perpendiculaire à un plan principal, il est facile de voir qu'il a toujours une synnormale.

En effet, soit, par exemple, un plan perpendiculaire au plan des xz représenté par l'équation

$$\frac{\alpha x}{a^2} + \frac{\gamma z}{c^2} = 1,$$

on trouve immédiatement, pour lieu des traces des normales dont les pieds sont sur la section, une droite

$$\frac{\alpha x}{a^2-b^2}+\frac{\gamma z}{c^2-b^2}=1, \quad y=0.$$

On a donc le théorème suivant :

THÉORÈME VII. — *Tout plan perpendiculaire à un plan principal a une synnormale située dans ce dernier plan, et à cause de la symétrie de l'ellipsoïde par rapport au plan principal, la synnormale peut être considérée comme le lieu géométrique des points d'intersection de deux normales dont les pieds sont sur la section* (*).

Remarque. — Il est un cas particulier où la synnormale d'un plan perpendiculaire à un plan principal est le lieu géométrique du point d'intersection de trois normales, c'est celui où la synnormale du plan se confond avec la normale à la surface, menée par l'un des points où l'ellipse de section coupe le plan principal qui lui est perpendiculaire.

En faisant le calcul, on trouve pour condition nécessaire et suffisante

$$(a^2-b^2)^2 a\gamma^2+(b^2-c^2)^2 c^2\alpha^2=(a^2-c^2)^2 \alpha^2\gamma^2$$

Quand les coordonnées α, γ du plan sécant satisfont à l'équation précédente, la synnormale est le lieu géométrique du point de rencontre de trois normales, ayant leurs pieds sur la section, et dont l'une est la synnormale elle-même.

On vérifie facilement cette conclusion en faisant $\beta=0$ dans les équations (15) et (17).

Considérons maintenant le cas où le plan sécant n'est ni un plan principal, ni un plan parallèle aux axes.

(*) Ce théorème a été démontré par M. Chasles, journal de M. Liouville, t. III, p. 215.

Si on projette le pôle (α, β, γ) du plan sécant, sur les trois plans principaux, il est facile de voir que, si le plan donné a une synnormale, cette droite doit passer par les points normaux, conjugués des projections du pôle, par rapport à chacune des ellipses principales.

En effet, si par les points d'intersection de l'ellipse de section et d'une des ellipses principales, nous menons, à cette dernière courbe, deux normales et les deux tangentes correspondantes, le point d'intersection des tangentes sera la projection du pôle sur le plan principal, et celui des normales, le point où la synnormale devra percer le dernier plan. Les trois points normaux conjugués des projections du pôle devant, d'après ce qui précède, être en ligne droite, on comprend que les plans à synnormale doivent être assujettis à une certaine condition.

Pour trouver cette condition, et en même temps les équations de la synnormale, on écrira que la droite cherchée passe par les trois points normaux, conjugués des points $(\alpha, \beta, 0)$, $(\alpha, 0, \gamma)$, $(0, \beta, \gamma)$, par rapport aux ellipses principales ; et, pour cela, on se servira des équations (1) (page 2) et des équations analogues, qui se rapportent aux deux plans xz et yz.

On obtient, de cette manière, l'équation (15) de condition et les équations (17).

Je dis maintenant que la droite (17) est effectivement une synnormale, c'est-à-dire qu'elle est coupée par toutes les normales dont les pieds sont sur l'ellipse de section.

Il s'agit de vérifier que l'on a

$$\left(\frac{b^2\gamma^2+c^2\beta^2}{a^2\beta^2+b^2\alpha^2}\frac{a^2-b^2}{a^2-c^2}\frac{\alpha}{\gamma}-\frac{c^2 x_i}{a^2 z_i}\right)\left(\frac{(a^2-\alpha^2)(b^2-\alpha^2)}{a^2\beta^2+b^2\alpha^2}\beta-\frac{(b^2-c^2)}{b^2}y_i\right)=$$

$$\left(\frac{a^2\gamma^2+c^2\alpha^2}{a^2\beta^2+b^2\alpha^2}\frac{a^2-b^2}{c^2-a^2}\frac{\beta}{\gamma}-\frac{c^2 y_i}{b^2 z_i}\right)\left(\frac{(b^2-\beta^2)(a^2-b^2)}{a^2\beta^2+b^2\alpha^2}\alpha-\frac{(a^2-c^2)}{a^2}x_i\right)$$

α, β, γ, satisfaisant à l'équation (15), et x_i, y_i, z_i, aux équations (2) et (8).

Réduisant au même dénominateur, faisant tout passer dans le second membre, et ordonnant par rapport à x_i, y_i, z_i, on remarque d'abord que le coefficient de la première puissance de z_i n'a pas une forme analogue aux coefficients de x_i et y_i, et on peut se proposer de le modifier en utilisant l'équation (15).

On trouve d'abord que le coefficient de z_i peut s'écrire sous la forme

$$(a^2-b^2)^2(a^2b^2\gamma^2-c^2\alpha^2\beta^2)+(a^2-b^2)(a^2-c^2)(a^2c^2\beta^2-b^2\alpha^2\gamma^2)$$
$$+(a^2-b^2)(c^2-b^2)(b^2c^2\alpha^2-\alpha^2\beta^2\gamma^2).$$

remplaçant maintenant $(a^2-b^2)^2(a^2b^2\gamma^2-c^2\alpha^2\beta^2)$ par la valeur que donne l'équation (15), on obtient

$$(a^2-b^2)(a^2-c^2)(\gamma^2-c^2)(b^2\alpha^2+a^2\beta^2);$$

tous les termes de l'équation de condition sont alors devenus divisibles par $(a^2-b^2)(a^2-c^2)(c^2-b^2)(b^2\alpha^2+a^2\beta^2)$, et il vient

$$\frac{a^2-\alpha^2}{a^2}\frac{x_i}{\alpha}+\frac{b^2-\beta^2}{b^2}\frac{y_i}{\beta}+\frac{c^2-\gamma^2}{c^2}\frac{z_i}{\gamma}+\left(\frac{\beta^2}{b^2}+\frac{\gamma^2}{c^2}\right)\frac{y_i}{\beta}\frac{z_i}{\gamma}$$
$$+\left(\frac{\alpha^2}{a^2}+\frac{\gamma^2}{c^2}\right)\frac{x_i}{\alpha}\frac{z_i}{\gamma}+\left(\frac{\alpha^2}{a^2}+\frac{\beta^2}{b^2}\right)\frac{x_i}{\alpha}\frac{y_i}{\beta}=0;$$

or, à cause de l'équation (8), les trois premiers termes se réduisent à $\frac{x_i}{\alpha}+\frac{y_i}{\beta}+\frac{z_i}{\gamma}-1$, et les trois derniers peuvent s'écrire

$$\frac{x_i}{\alpha}\left(\frac{\beta y_i}{b^2}+\frac{\gamma z_i}{c^2}\right)+\frac{y_i}{\beta}\left(\frac{\alpha x_i}{a^2}+\frac{\gamma z_i}{c^2}\right)+\frac{z_i}{\gamma}\left(\frac{\alpha x_i}{a^2}+\frac{\beta y_i}{b^2}\right);$$

mais, si l'on remplace les trois binomes entre parenthèses par leurs valeurs déduites de l'équation (8), il reste

$$\frac{x_i^2}{a^2}+\frac{y_i^2}{b^2}+\frac{z_i^2}{c^2}-1=0.$$

ce qui a lieu par hypothèse.

Les calculs qui précèdent confirment ce résultat déjà trouvé, que la condition nécessaire et suffisante pour qu'un plan non parallèle à l'un des axes de l'ellipsoïde ait une synnormale, c'est que le plan ait son pôle sur la surface (15).

Traitons maintenant, d'une manière directe, la question de savoir si des normales, dont les pieds sont sur une section plane de l'ellipsoïde, peuvent se couper en un même point.

Demandons-nous, d'abord, s'il peut en être ainsi pour deux normales.

Il est facile de voir qu'en général, quel que soit le plan sécant, chaque normale est coupée par deux autres.

En effet, soit abc (fig. 1), l'ellipse de section, s et an les projections sur le plan sécant, du pôle S de ce plan et de la normale particulière aN que nous voulons considérer, on peut toujours déterminer, sur la tangente de au point a, deux points d et e, tels que les lignes sd, se, soient perpendiculaires aux polaires ab, ac, de ces deux points (Probl. III, p. 7) ; ab étant perpendiculaire à sd, l'est en même temps à Sd, qui est l'intersection des deux plans tangents, menés à l'ellipsoïde aux deux points a et b : la normale au point b de l'ellipsoïde coupera donc la normale dont le pied est en a, et il en sera de même de la normale en c.

On peut se proposer maintenant de trouver la ligne qui est le lieu des points d'intersection des normales.

Cette ligne se trouve d'abord sur la surface aux normales, dont nous pouvons trouver l'équation en éliminant x_i entre les équations (9) et (10).

Je dis maintenant qu'elle se trouve sur un cylindre de troisième ordre ; en d'autres termes, je vais démontrer le théorème suivant.

Théorème VIII. *Le lieu des points d'intersection des normales dont les pieds sont sur une section plane de l'ellipsoïde, se projette en général sur le plan sécant, suivant une courbe du troisième ordre.*

Il s'agit de trouver le lieu de n, connaissant le lieu de d.

Si on désigne par x, y, les coordonnées du point s, par α_i, β_i, celles du point n, par a_i, b_i, les axes de l'ellipse abc, on a pour équation du lieu de d (Probl. III, p. 7)

$$(a_{1}^{2}-b_{1}^{2})\,\alpha_{1}\beta_{1}+b_{1}^{2}y\alpha_{1}-a_{1}^{2}x\beta_{1}=0;$$

mais dans la question, on peut remplacer le lieu de d par le lieu décrit par le sommet opposé (α_{2}, β_{2}) du quadrilatère normal circonscrit, correspondant au point n, et l'on sait que l'équation du nouveau lieu se déduit de celle qui se rapporte au lieu de d, en changeant α_{1} et β_{1} en $\dfrac{-a_{1}^{2}}{\alpha^{2}}$ et $\dfrac{-b_{1}^{2}}{\beta^{2}}$.

On trouve ainsi que le point (α_{2}, β_{2}) décrit une droite ; alors, comme on sait (*), le point normal conjugué n décrit, en général, une courbe du troisième ordre.

Cherchons maintenant une solution directe de ce problème :

Quelle est la condition pour que trois normales, dont les pieds sont sur une section plane d'un ellipsoïde, se coupent en un même point ?

Le problème a déjà été résolu incidemment; mais la nouvelle solution que nous allons donner aura l'avantage de présenter, sous une nouvelle forme, la condition que le plan sécant doit remplir, et nous fera connaître des propriétés qui étaient jusqu'ici inconnues.

Soient pris, pour axes des x et des y, les axes de l'ellipse de section, dont on désigne les longueurs par $2a_{1}$, $2b_{1}$, et pour axe des z une perpendiculaire au plan de l'ellipse, menée par son centre.

Soient aussi α_{1}, β_{1}, γ_{1}, les coordonnées, du pôle du plan sécant dans le nouveau système d'axes.

L'équation du cône, circonscrit à l'ellipsoïde suivant l'ellipse de section, est

$$b_{1}^{2}\gamma_{1}^{2}x^{2}+a_{1}^{2}\gamma_{1}^{2}y^{2}+(a_{1}^{2}\beta_{1}^{2}+b_{1}^{2}\alpha_{1}^{2}-a_{1}^{2}b_{1}^{2})z^{2}-2b_{1}^{2}\alpha_{1}\gamma_{1}xz$$
$$-2a_{1}^{2}\beta_{1}\gamma_{1}yz+2a_{1}^{2}b_{1}^{2}\gamma_{1}z-a_{1}^{2}b_{1}^{2}\gamma_{1}^{2}=0.$$

La normale, en un point quelconque de l'ellipse de section, sera la même pour le cône et pour l'ellipsoïde.

(*) Voyez un article de M. Terquem, *Nouvelles Annales*, t. XVIII, p. 77.

Appliquant alors la méthode de la page 19, et désignant par x_0, y_0, z_0, les coordonnées du point d'intersection de trois normales ayant leurs pieds sur la section, on trouve, par identification de deux équations du troisième degré, trois équations, dont deux du premier degré sont

$$-b_1{}^2\alpha_1 x_0 + a_1{}^2\beta_1 y_0 + (a_1{}^2 - b_1{}^2)\gamma_1 z_0 = (\alpha_1{}^2 + \beta_1{}^2 - a_1{}^2)a_1{}^2,$$
$$(\alpha_1{}^2 - a_1{}^2 - b_1{}^2)x_0 + \alpha_1\beta_1 y_0 + \alpha_1\gamma_1 z_0 = -b_1{}^2\alpha_1 \, ;$$

de ces équations elles-mêmes on déduit, par symétrie, les deux suivantes :

$$b_1{}^2\alpha_1 x_0 - a_1{}^2\beta_1 y_0 + (b_1{}^2 - a_1{}^2)\gamma_1 z_0 = (\beta_1{}^2 + a_1{}^2 - b_1{}^2)b_1{}^2,$$
$$\alpha_1\beta_1 x_0 + (\beta_1{}^2 + a_1{}^2 - b_1{}^2)y_0 + \beta_1\gamma_1 z_0 = -a_1{}^2\beta_1.$$

On peut faire usage des quatre équations, bien qu'on sache d'avance que le système doit être équivalent à un système de trois équations seulement.

Si on ajoute membre à membre la première et la troisième, il vient

(19) $$\qquad a_1{}^2\alpha_1{}^2 + b_1{}^2\beta_1{}^2 = (a_1 - b_1{}^2)^2 \, ;$$

maintenant, si on élimine z entre la seconde et la quatrième, ou entre la troisième et la quatrième (dans cette dernière élimination on tient compte de l'équation (19)), on trouve

(20) $$\qquad \alpha_1 y_0 + \beta_1 x_0 + \alpha\beta_1 = 0.$$

On voit donc, finalement, que le système se réduit à un système de trois équations, dont la première est (19), la seconde (20), et la troisième, l'une des quatre équations précédemment écrites, ou une équation qui peut s'en déduire.

On trouve ainsi que x_0, y_0, z_0 satisfont seulement à deux équations distinctes,

(21) $$\qquad \beta_1 x + \alpha_1 y + \alpha_1\beta_1 = 0,$$
(22) $$\qquad (\alpha_1{}^2 - \beta_1{}^2 - a_1{}^2 + b_1{}^2)x + \alpha_1\gamma_1 z + \alpha_1(b_1{}^2 - \beta_1{}^2) = 0, \,)$$

c'est-à-dire, que lorsque l'équation (19) est satisfaite, le problème est possible, et a une infinité de solutions, et le lieu géométrique des points d'intersection des normales, trois à trois, est une ligne droite.

Les équations (21) et (22) représentent donc la synnormale du plan, dans le nouveau système de coordonnées.

On peut maintenant regarder comme démontré le théorème suivant :

Théorème IX. — *La condition nécessaire et suffisante, pour que trois normales, dont les pieds sont sur une section plane d'un ellipsoïde, se coupent en un même point, c'est que le pôle du plan sécant se projette sur ce plan, en un point d'une certaine ellipse (l'ellipse 19) ; alors le plan sécant a une synnormale qui est le lieu géométrique des points d'intersection des normales, prises trois à trois.*

Les équations (19), (20) et (21), conduisent à des propriétés nouvelles de la synnormale que nous résumerons dans l'énoncé suivant:

Théorème X. — *Quand un plan, non parallèle à l'un des axes de l'ellipsoïde, a une synnormale, cette droite jouit des propriétés suivantes :*

1° *Elle se projette sur le plan, suivant une normale à l'ellipse de section ;*

2° *Elle perce l'ellipsoïde en un point de cette même ellipse ;*

3° *Elle passe par le point normal conjugué, par rapport à l'ellipse de section, de la projection du pôle du plan sécant, sur ce plan lui-même.*

La première partie du théorème se démontre immédiatement ; car, en écrivant que l'équation (21) représente une normale à l'ellipse de section, on trouve précisément l'équation (19) pour équation de condition.

Pour démontrer maintenant la seconde et la troisième partie, résolvons par rapport à x et y les équations (21) et (22), après avoir fait d'abord $z = 0$ dans cette dernière ; en tenant compte de (19), il vient :

$$x = \frac{(a_i{}^2 - b_i{}^2)\alpha_i(b_i{}^2 - \beta_i{}^2)}{a_i{}^2\beta_i{}^2 + b_i{}^2\alpha_i{}^2} \qquad y = \frac{(a_i{}^2 - b_i{}^2)\beta_i(\alpha_i{}^2 - a_i{}^2)}{a_i{}^2\beta_i{}^2 + b_i{}^2\alpha_i{}^2} ;$$

Or, nous savons que ces formules expriment que le point (x, y), est le point normal, conjugué du point (α_1, β_1), par rapport à l'ellipse

$$a_1^2 x^2 + b_1^2 y^2 = a_1^2 b_1^2 ;$$

d'ailleurs, substituant, dans cette dernière équation, pour x et y, les valeurs données par les formules précédentes, on trouve une identité, en tenant compte de (19).

On peut remarquer que la synnormale ne passe pas par le pied de la normale à l'ellipse qui est sa projection, mais bien par le second point d'intersection de la normale avec la courbe.

En effet, si on calcule les coordonnées du pied de la normale, on trouve qu'elles ne sont pas égales à celles que nous avons trouvées pour le pied de la synnormale.

Corollaire. — La synnormale d'un plan non parallèle aux axes n'est jamais une normale à l'ellipsoïde.

Car, pour qu'il en fût autrement, il faudrait que la synnormale d'un plan passât par le pied de la normale qui est sa projection sur ce plan.

Lorsque le plan sécant est parallèle à l'un des axes de l'ellipsoïde, la normale se projette sur l'un des axes de l'ellipse de section, et par conséquent, suivant une normale à cette ellipse.

Il n'est plus impossible, dans ce cas, que la synnormale soit en même temps une normale à la surface, parce que la normale de projection est normale à l'ellipse de section, en deux points. Nous avons, en effet, démontré directement que la synnormale d'un plan, parallèle à l'un des axes de l'ellipsoïde, peut être normale à cette surface.

Nous avons vu précédemment que deux plans correspondent à une même synnormale ; on peut alors appliquer à chacun d'eux ce qui a été dit d'un seul, et, par suite, on a ce théorème :

THÉORÈME XI. — *La synnormale commune à deux plans coupe l'ellipsoïde en deux points, situés chacun sur l'une des ellipses de section.*

3

— 34 —

On peut démontrer, par des considérations géométriques très-simples, quelques-uns des théorèmes précédents.

Soient *abc* (fig. 1), l'ellipse de section, *s* la projection sur le plan sécant du pôle S de ce plan, *a*, *b*, *c*, les pieds de trois normales à l'ellipsoïde, qui se coupent en un même point N ; les trois normales à l'ellipse, *an*, *bn*, *cn*, qui sont les projections des normales à l'ellipsoïde, devront d'abord se couper en un même point *n*.

Si, maintenant, on circonscrit le triangle *def* à l'ellipse, on voit, comme à la page (29), que les droites *sd*, *se* et *sf*, devront être perpendiculaires, respectivement à *ab*, *bc* et *ac* ; mais on a démontré (Th. V, p. 9), que si *n* est un point quelconque du plan de l'ellipse *abc*, et qu'on achève la figure, comme il a été dit tout à l'heure, le point *s* (α_1, β_1) doit être sur l'ellipse

$$a_1^2\alpha_1^2+b_1^2\beta_1^2=a_1^2-b_1^2,$$

Ainsi, nous trouvons comme condition nécessaire celle que le calcul nous a donnée plus haut.

On peut voir maintenant que, lorsqu'elle est remplie, le problème a une infinité de solutions.

En effet, soit *h* le point normal conjugué du point *s* par rapport à l'ellipse *abc*, ce point se trouvera sur cette ellipse (Th. VII, cor. I, p. 10).

Soit aussi *gh* l'une des quatre normales passant par le point *h*, et choisie comme il a été dit.

Menons, d'un point *n* quelconque de cette ligne, trois normales *na*, *nb*, *nc* à l'ellipse *abc*, les trois normales à l'ellipsoïde, dont les pieds sont *a*, *b*, *c*, se couperont en un même point N projeté en *n*.

En effet, achevons la figure (1), comme il a été fait à la page (29), les trois droites *sd*, *se*, *sf*, étant respectivement perpendiculaires à *ab*, *ac*, et *bc*, on voit, d'après l'explication déjà donnée, que les trois normales à l'ellipsoïde en *a*, *b*, *c*, se couperont deux à deux ; et comme ces points d'intersection se projettent en *n*, ils n'en font réellement qu'un seul : c'est ce qu'il fallait démontrer.

On a, par ce qui précède, un moyen très-simple d'avoir tous les groupes de trois normales qui se coupent en un même point et qui ont leurs pieds sur une section plane.

Remarque. — La démonstration précédente ne prouve pas, comme le calcul, que le lieu des points N est une ligne droite, elle montre seulement que le lieu se projette sur l'ellipse *abc*, suivant une normale à cette courbe, tandis que la projection est en général une courbe du troisième ordre, lorsque le pôle du plan sécant n'est pas sur la surface polaire normopolaire (Th. VIII).

En suivant toujours le même ordre d'idées, nous devons maintenant nous demander si, par un même point, peuvent passer quatre normales, dont les pieds soient sur une section plane qui n'est pas l'une des ellipses principales.

Il résulte, de l'une ou l'autre de nos méthodes de calcul, qu'il n'en sera jamais ainsi ; car, en supposant que par un même point passent des normales dont les pieds sont sur une section plane, on a, pour déterminer les coordonnées des pieds, une équation du troisième degré en x_1, à laquelle il faut adjoindre deux équations du premier degré en y_1 et z_1.

C'est ce qu'on peut voir encore par la simple géométrie.

En effet, si quatre normales à l'ellipsoïde, dont les pieds sont a, b, c, g (fig. 1), se coupaient en un même point N projeté en n, la droite *de* contiendrait les pôles d, e, k des cordes ab, ac, ag, et les mêmes points devraient d'ailleurs appartenir à une même hyperbole (Pr. III, p. 7), ce qui est impossible.

PROBLÈME II. — *Etant donné un plan dont le pôle est sur la surface normopolaire, trouver le nombre des normales réelles, passant par un point de la synnormale du plan, et dont les pieds sont sur la section correspondante.* — *Construire ces normales.*

Soient construites l'ellipse de section (fig. 1), sa développée et la synnormale du plan ; désignons par P et Q les deux points de cette droite qui se projettent aux points p et q, où la projection gh de la synnormale coupe la développée ; de tout point n compris sur gh entre p et q, on pourra mener quatre normales à l'ellipse, dont l'une sera la droite gh elle-même, et les trois autres *na* , *nb*, *nc* ; donc, du point N compris entre P et Q, et dont la projection est *n*, on pourra mener à l'ellipsoïde trois normales réelles, ayant leurs pieds en *a, b, c*.

Si maintenant, le point donné est pris extérieurement au segment PQ, il se projettera sur la normale *gh*, en dehors du segment *gh*, et de la projection on ne pourra plus mener que deux normales réelles à l'ellipse, dont l'une est la droite *gh* elle-même; donc, alors, par le point donné, ne passera plus qu'une seule normale réelle, ayant son pied sur l'ellipse.

La construction à faire, pour déterminer les normales, résulte évidemment de ce qui précède

En même temps que l'ellipse *abc*, on peut toujours considérer l'ellipse *a'b'c'* dont le plan a même synnormale que le plan de la première ; et si on désigne par P' et Q' les points de la synnormale, dont les projections sur *a'b'c'* sont les points *p'* et *q'* analogues des points *p et q*, P' et Q' joueront le même rôle que, tout à l'heure, P et Q, relativement aux normales qui ont leurs pieds sur *abc*.

Les quatre points P, Q, P', Q' sont les points de départ de cinq normales, dont l'une est double.

PROBLÈME III. — *Déterminer le nombre des normales réelles passant par un point de la synnormale commune à deux plans, et dont les pieds soient sur les sections déterminées par ces plans. — Construire ces normales.*

Les deux segments PQ et P'Q' ne peuvent avoir que trois positions relatives : ils sont extérieurs ou intérieurs l'un à l'autre, ou bien ils empiètent l'un sur l'autre.

Dans le premier cas, de tout point pris sur PQ ou P'Q', on pourra mener à l'ellipsoïde quatre normales réelles, dont trois pieds seront sur *abc* ou *a'b'c'*, et le quatrième sur *a'b'c'* ou *abc*; et de tout point extérieur aux deux segments, on ne pourra plus mener que deux normales réelles, ayant chacune leur pied sur l'une des sections.

Si les deux segments sont intérieurs l'un à l'autre, de tout point pris sur le segment intérieur, on pourra mener six normales réelles; de tout point, compris entre les deux segments, quatre normales réelles ; et enfin, de tout point extérieur aux deux segments, deux normales réelles seulement.

On voit de même que, dans le dernier cas, du point donné on pourra mener à l'ellipsoïde six, quatre ou deux normales réelles.

Sans préjuger la question de savoir si les trois dispositions précédentes des points P, Q, P', Q', sont toutes possibles, il est néanmoins démontré que, si l'on suit la direction d'une synnormale, on pourra rencontrer des points d'où partent six normales réelles, d'autres, d'où partent quatre ou deux normales réelles, et que le nombre des normales réelles se modifie lorsqu'on passe par l'un des points P, Q, P', Q', points de départ de normales doubles.

En projetant le point donné sur les deux plans sécants, la question de déterminer les normales à l'ellipsoïde reviendra à mener, des deux projections obtenues, des normales aux ellipses de section.

Lieu des points d'où l'on peut mener des normales doubles à un ellipsoïde.

Lorsque le pôle d'un plan mobile prend toutes les positions possibles sur la surface normopolaire de l'ellipsoïde, l'un des quatre points P, Q, P', Q' de la synnormale correspondante engendre une surface, qui est le lieu des points d'où l'on peut mener des normales doubles à l'ellipsoïde.

Ordinairement, au lieu de considérer les normales comme distribuées par faisceaux d'un nombre déterminé de droites, partant d'un point donné, on étudie la distribution de leurs pieds sur la surface à laquelle elles appartiennent. Les théorèmes se rapportent toujours à cet ordre d'idées, je citerai seulement ici le suivant :

La normale, en un point quelconque d'une surface, est toujours rencontrée par deux normales infiniment voisines, en deux points, ordinairement différents, qui sont les centres de courbure de deux sections normales, passant par le point donné et perpendiculaires l'une sur l'autre. Les deux rayons de courbure correspondants sont d'ailleurs le plus petit et le plus grand des rayons de courbure de toutes les sections normales passant par le point donné, et sont, pour cette raison, appelés *rayons de plus petite et de plus grande courbure.*

Nous exprimerons ici le même fait en disant que, sur chaque normale, on rencontre deux points de départ de normales, dont l'une double est la normale elle-même (*).

Il est évident que la surface lieu des points d'où l'on peut mener des normales doubles à une surface donnée, est identique à la surface lieu des centres de plus petite et plus grande courbure.

En envisageant la surface à ce dernier point de vue, on peut la concevoir comme formée de deux nappes, l'une qui contient les extrémités des rayons de plus petite courbure, l'autre qui est le lieu des extrémités des rayons de plus grande courbure.

Revenons maintenant à l'ellipsoïde.

On pourrait facilement déduire de notre méthode un moyen d'obtenir l'équation de la surface, lieu des centres de courbure de l'ellipsoïde ; mais, quelle que soit la marche de calcul que l'on suive, on voit bien que l'équation serait trop compliquée pour qu'elle puisse servir à faire connaître la forme de la surface.

Nous nous contenterons de déterminer directement les sections par les plans principaux de l'ellipsoïde.

Sections par les plans principaux de la surface, lieu des centres de courbure de l'ellipsoïde.

Considérons d'abord le plan des xz, c'est-à-dire le plan principal, perpendiculaire à l'axe moyen de l'ellipsoïde : on trouve d'abord, comme faisant évidemment partie de la section, la développée de l'ellipse principale, dont l'équation est

$$\left(\frac{ax}{a^2-c^2}\right)^{\frac{2}{3}} + \left(\frac{cz}{a^2-c^2}\right)^{\frac{2}{3}} = 1.$$

Pour avoir toute la section, il faut encore chercher le lieu des

---

points du plan des xz, d'où partent des normales résultant de la réunion en une seule de deux ou d'un plus grand nombre de normales, dont les pieds étaient d'abord hors du plan principal.

Soit un plan quelconque de pôle $(\alpha, 0, \gamma)$, perpendiculaire au plan des xz, il a pour équation

$$\frac{\alpha x}{a^2} + \frac{\gamma z}{c^2} = 1.$$

et les équations de sa synnormale sont (p. 26)

$$y = 0 \qquad \frac{\alpha x}{a^2 - b^2} + \frac{\gamma z}{c^2 - b^2} = 1,$$

on aura évidemment toutes les normales partant d'un point du plan des xz, et dont les pieds sont hors de ce plan, en menant, d'un point quelconque de la synnormale précédente, qui prend toutes les positions possibles dans le plan, deux normales qui auront alors leurs pieds sur la section.

Lorsque, en particulier, on prendra, pour point de départ, l'un des points de rencontre de la synnormale avec les normales à l'ellipse principale, menées par les points où elle est rencontrée par le plan sécant, il est évident que, sur l'une ou l'autre de ces normales, seront venues se placer deux normales dont les pieds étaient sur la section. Les deux points de la synnormale déterminés, comme il vient d'être dit, seront des points de départ de normales triples, et, par conséquent, appartiendront au lieu cherché.

Soient $x_0, z_0, 0$, les coordonnées d'un des deux points, $x', z', 0$, celles du pied de la normale correspondante, on a facilement

$$x_0 = \frac{a^2 - b^2}{a^2} x' \qquad z_0 = \frac{c^2 - b^2}{c^2} z',$$

et par suite, pour équation du lieu cherché,

$$\frac{a^2 x^2}{(a^2 - b^2)^2} + \frac{c^2 z^2}{(c^2 - b^2)^2} = 1.$$

Ainsi, en résumé, on voit que la section est composée de deux courbes, l'une la développée de l'ellipse principale, qui est le lieu du point de départ des normales doubles, résultant de la réunion de deux normales simples, dont les pieds étaient dans le plan principal, l'autre, une ellipse qui est le lieu des points de départ de normales triples, aux pieds desquelles sont venues se réunir des pieds de normales, dont deux étaient, d'abord, situés en dehors du plan principal.

On peut remarquer que, si l'on fait tourner la trace du plan sécant autour de l'un des points $(x', z', 0)$, où il rencontre l'ellipse principale, la synnormale correspondante tourne en même temps autour du point $(x_0, z_0, 0)$.

En effet, on a

$$\frac{\alpha x'}{a^2} + \frac{\gamma z'}{c^2} = 1,$$

et si l'on tire de cette équation la valeur de γ, pour la substituer dans l'équation de la synnormale, il vient

$$\left(a^2(c^2-b^2)z'x - c^2(a^2-b^2)x'z\right)\alpha = a^2(a^2-b^2)\left((c^2-b^2)z' - c^2z\right),$$

et on voit bien que cette équation est satisfaite, quel que soit α, par les valeurs de x_0 et z_0 substituées à x et z (*).

Faisons maintenant tourner la trace du plan sécant autour du point $(x', z', 0)$ jusqu'à ce que le pôle $(\alpha, \gamma, 0)$ soit sur la courbe du quatrième ordre

$$(a^2-b^2)^2 a^2 \gamma^2 + (b^2-c^2)^2 c^2 \alpha^2 = (a^2-c^2)^2 \alpha^2 \gamma^2 ;$$

alors la synnormale du plan est devenue la normale même au point $(x', z', 0)$ (**).

(*) Dans la démonstration précédente, on aurait pu supposer le point $(x', z', 0')$ quelconque sur la trace du plan sécant, et la synnormale aurait tourné autour d'un point fixe ; la raison du théorème est d'ailleurs évidente.

(**) Voyez page 26.

D'ailleurs, le point $(x_0, z_0, 0)$ est devenu le point normal conjugué, par rapport à l'ellipse principale, du point $(\alpha, \gamma, 0)$; car autrement, du point normal conjugué on pourrait mener quatre normales dont les pieds, distincts l'un de l'autre, seraient sur la section ; ce qui a été démontré impossible.

On a ainsi ce théorème, dont il sera fait usage tout à l'heure :

Si le pôle d'une droite, pris par rapport à l'ellipse principale du plan xz, parcourt la courbe du quatrième ordre, dont nous avons écrit plus haut l'équation, le point normal conjugué décrit l'ellipse

$$\frac{a^2 x^2}{(a^2 - b^2)^2} + \frac{c^2 z^2}{(c^2 - b^2)^2} = 1.$$

On trouve de même, pour sections sur les deux autres plans principaux, deux ellipses et les développées des ellipses principales.

Lieu des points d'où l'on peut mener des normales triples à l'ellipsoïde.

Il résulte d'abord, de ce qui précède, que le lieu comprend les trois ellipses dont les équations suivent :

$$(23) \qquad \frac{a^2 x^2}{(a^2 - b^2)} + \frac{c^2 z^2}{(c^2 - b^2)^2} = 1.$$

$$(24) \qquad \frac{a^2 x^2}{a^2 - c^2)^2} + \frac{b^2 y^2}{(b^2 - c^2)^2} = 1.$$

$$(25) \qquad \frac{b^2 y^2}{(b^2 - a^2)^2} + \frac{c^2 z^2}{(c^2 - a^2)^2} = 1.$$

Je dis maintenant que ces trois ellipses forment à elles seules tout le lieu.

En effet, trois normales situées hors des plans principaux ne pourront se réunir en une seule qu'autant que le pôle du plan passant par leurs pieds sera à la fois sur la surface normopolaire et sur l'ellipsoïde ; mais on démontrera, au chapitre V, que la surface normopolaire touche seulement l'ellipsoïde en quatre points situés dans le plan principal perpendiculaire à l'axe moyen ; par conséquent, les normales menées par les quatre points, étant situées dans l'un des plans principaux, ne donneront pas de nouvelles lignes pour le lieu cherché.

Points de départ des normales quadruples. — Détermination des ombilics.

Si d'abord on examine, sur chaque plan principal, les positions relatives des développées et des ellipses (23), (24) et (25), on trouve que, des deux dernières ellipses, l'une est extérieure à la développée du même plan, tandis que l'autre la coupe.

Pour la première ellipse, on ne voit pas immédiatement ce qui a lieu, comme pour les deux autres ; mais nous allons démontrer que la développée et l'ellipse sont tangentes en quatre points.

En effet, soit $(x_1, \gamma_1, 0)$ un point situé dans l'angle des coordonnées positives, et déterminé par les deux équations

$$\frac{\alpha^2}{a^2} + \frac{\gamma^2}{c^2} = 1,$$

$$(a^2 - b^2)^2 a^2 \gamma^2 + (b^2 - c^2)^2 c^2 \alpha^2 = (a^2 - c^2)^2 \alpha^2 \gamma^2,$$

on aura

$$\alpha_1 = a \sqrt{\frac{a^2 - b^2}{a^2 - c^2}} \qquad \gamma_1 = c \sqrt{\frac{b^2 - c^2}{a^2 - c^2}},$$

le point $(x_0, z_0, 0)$, normal conjugué du point $(\alpha_1, \gamma_1, 0)$, appartiendra à la fois à la développée de l'ellipse principale et à l'ellipse (23), comme cela résulte d'une remarque faite plus haut (p. 41).

En calculant les coordonnées x_0, z_0, par les formules analogues à celles de la page 1, il vient

$$x_0 = \frac{a^2 - b^2}{a} \sqrt{\frac{a^2 - b^2}{a^2 - c^2}} \qquad z_0 = \frac{b^2 - c^2}{c} \sqrt{\frac{b^2 - c^2}{a^2 - c^2}},$$

et l'on vérifiera facilement qu'au point $(x_0, z_0, 0)$, les deux courbes ont même tangente, la normale au point $(\alpha_1, \gamma_1, 0)$ (*) ; cette normale doit donc être considérée comme une normale quadruple partant du point $(x_0, z_0, 0)$.

On aura évidemment trois autres normales quadruples, symétriques de la première par rapport aux axes.

Les pieds des quatre normales sont appelés *ombilics* de l'ellipsoïde, et les points de départ, les centres des sphères osculatrices à cette surface, aux ombilics.

Le calcul précédent donne donc les coordonnées des quatre ombilics et celles des centres des sphères osculatrices correspondantes.

Je dis maintenant que les quatre ombilics que nous venons de déterminer, sont les seuls.

D'abord, en considérant la surface normopolaire comme il a été fait plus haut, on voit qu'il n'y a pas d'ombilics hors des plans principaux.

Il n'y en a pas non plus sur les plans des (x, y) et des (y, z), puisqu'en répétant pour ces plans ce qui a été fait pour le plan des xz, on trouverait des valeurs imaginaires pour les coordonnées analogues à x_0 et z_0. Sur l'un des plans, il est vrai, l'une des ellipses (24) ou (25) est coupée par la développée de l'ellipse principale, mais le point d'intersection n'est point le point de départ d'une normale quadruple, mais bien d'une normale double et d'une normale triple.

THÉORÈME XII. — *La synnormale d'un plan quelconque, non parallèle aux axes, rencontre toujours en six points réels la surface, lieu des centres de courbure de l'ellipsoïde.*

D'abord, les quatre points P, Q, P', Q', de la synnormale (p. 36) appartiennent à la surface, lieu des centres de courbure ; mais, outre ces quatre points, il y en a encore deux autres R et R', où la synnormale est rencontrée par les deux normales qui sont me-

---

nées par les points d'intersection, réels ou imaginaires, des deux sections correspondantes : les deux normales sont doubles, car aux deux points R et R′, deux normales, ayant leurs pieds sur chacune des sections, se sont confondues en une seule (*).

Remarque. — Un plan perpendiculaire à un plan principal, et dont le pôle est situé sur la surface normopolaire, a évidemment pour plan associé, d'après le théorème V, le plan principal lui-même, et le théorème XII doit encore être vrai ; c'est ce que l'on vérifie immédiatement, en observant que la synnormale coupe l'une des ellipses (23), (24) ou (25) en deux points réels, et qu'elle a quatre points communs avec la développée de l'ellipse principale, son point de contact avec elle devant être compté pour deux.

PROBLÈME IV. — *Déterminer le nombre des normales réelles qu'on peut mener d'un point donné à l'ellipsoïde.*

M. Joachimstal a démontré, par des considérations de pur algèbre, que, de tout point pris dans la partie intérieure à la fois aux deux nappes de la surface, lieu des centres de courbure de l'ellipsoïde, on pouvait mener six normales réelles ; dans la partie intérieure à une seule nappe, quatre normales ; et deux seu-seulement, de tout point extérieur aux deux nappes.

On voit bien, d'après notre théorie, que le nombre des normales réelles dépend de la situation du point par rapport à la surface, lieu des centres de courbure ; mais le théorème de Joachimstal paraît très-difficile à établir par la géométrie seule.

Remarque. — Nous avons donné (Probl. III), le moyen de construire les faisceaux de six normales qui correspondent, en nombre infini, à chacun des points (α, β, γ), situés sur la surface normopolaire. Le problème du nombre des normales réelles est donc résolu, dans notre théorie, quand, au lieu de se donner le point de départ des normales, on regarde comme connu le point (α, β, γ).

(*) La démonstration de la page 27 fait bien voir que les points R et R′ sont réels.

IV.

On pourrait maintenant étudier, au même point de vue que les courbes planes, les courbes sphériques, coniques, etc., tracées sur un ellipsoïde ; nous nous contenterons ici d'établir le théorème suivant.

Théorème XIII. — *Jamais les pieds des normales à l'ellipsoïde, issues d'un même point, ne peuvent appartenir à une même sphère.*

Le théorème est d'abord évident, quand l'ellipsoïde est de révolution, ou lorsque, étant quelconque, le point de départ des normales est pris dans un plan principal ; car, dans le premier cas, une section méridienne, et dans le second, le plan principal, devraient contenir quatre pieds de normale sur une même circonférence : ce qui est impossible.

Maintenant, avant de traiter le cas général, demandons-nous d'abord si les six pieds des normales peuvent se trouver sur deux sections circulaires de système différent, auquel cas, comme on sait, ils appartiendraient à la même sphère.

Les sections circulaires ont leurs plans perpendiculaires au plan des x, z : en général, comme pour tous les plans perpendiculaires à un plan principal, d'un point de la synnormale du plan sécant on ne pourra mener que deux normales ayant leurs pieds sur la section, et pour qu'il y en ait trois, il faudra, comme nous l'avons vu, prendre sur la synnormale un point particulier.

Si l'on admettait que les six pieds des normales partant d'un point donné étaient sur deux sections circulaires, alors, du point de rencontre de ces sections partiraient deux normales se coupant à l'intersection même des synnormales (*). On aurait donc seulement deux normales hors du plan principal, et les pieds des quatre autres devraient être sur une même circonférence, ce qui est impossible.

(*) Voyez la remarque au bas de la page 40.

Si la section circulaire avait pour synnormale une normale à l'ellipsoïde, il y aurait une infinité de groupes de trois normales dont les pieds seraient sur la section.

Voyons si ce cas peut se présenter.

Soit K une indéterminée,

$$\frac{a\sqrt{b^2-c^2}}{k}z \pm \frac{c\sqrt{a^2-b^2}}{k}x=1,$$

sera l'équation d'un des plans qui donne une section circulaire.

α, o, γ, étant les coordonnées du plan sécant, on a

$$\alpha=\pm\frac{ca^2\sqrt{a^2-b^2}}{k} \qquad \gamma=\pm\frac{c^2a\sqrt{b^2-c^2}}{k}.$$

Pour que la section ait pour synnormale une normale à l'ellipsoïde, on doit avoir, comme on sait,

$$(a^2-b^2)^2a^2\gamma^2+(b^2-c^2)^2c^2\alpha^2=(a^2-c^2)^2\alpha^2\gamma^2,$$

remplaçant dans cette équation α et γ, par les valeurs précédentes, on trouve

$$k=\pm ac\sqrt{a^2-c^2},$$

et par suite

$$\alpha=\pm a\sqrt{\frac{a^2-b^2}{a^2-c^2}} \qquad \gamma=\pm c\sqrt{\frac{a^2-b^2}{a^2-c^2}}.$$

On reconnaît ici les coordonnées des ombilics : la section circulaire se réduit donc à un point.

En comptant, comme on doit le faire, un ombilic pour un point quadruple, on peut se demander si une sphère, ayant son centre au centre de courbure correspondant à l'ombilic, pourra passer par les pieds des six normales partant du centre de courbure ; or, cela est évidemment impossible, puisque ce dernier point n'est pas à égale distance des pieds des trois normales situées dans le plan principal.

Traitons maintenant la question générale.

Supposons qu'on ait obtenu, comme nous l'avons déjà dit, l'équation du sixième degré en x_1, qui fait connaître les abscisses des pieds des normales, issues du point (x_0, y_0, z_0) ; soient A, B, C, D, E, F, les coefficients de l'équation dont on calculera facilement les valeurs.

En éliminant y_1 et z_1 entre les équations d'une normale et l'équation d'une sphère de rayon r et de centre (x', y', z'), on aura aussi une équation de sixième degré en x_1 dont nous représenterons les coefficients par A', B', C', D', E', F'.

Nous exprimerons que les pieds des normales sont sur la sphère, en identifiant les deux équations du sixième degré (*).

On remarque d'abord que A étant égal à A', tous les autres coefficients des deux équations doivent être égaux.

Posant d'abord B = B', on trouve

$$(a^2 - c^2)^2 (a^2 - b^2)^2 x' = 0,$$

et comme l'ellipsoïde est supposée n'être pas de révolution, on a $x' = 0$; mais si on identifiait les équations du sixième degré en y_1 et z_1, on trouverait de même $y' = 0$, $z' = 0$; l'équation G = G' donne alors $a^2 = r^2$; mais, par la même raison que nous venons de donner, on aurait aussi $r^2 = b^2 = c^2$: ce qui est impossible.

On pourrait remarquer aussi que l'équation C = C' donnerait $y_0 = 0$, $z_0 = 0$, ce qui ne peut pas avoir lieu non plus.

Si on avait voulu tout déduire de la comparaison des équations en x_1, on aurait eu encore des calculs assez simples.

x' étant égal à zéro, l'équation G = G' donne

$$y'^2 + z'^2 - r^2 = -a^2,$$

(*) Nous laissons à trouver l'interprétation géométrique de la méthode.

et toutes les équations deviennent du premier degré en y' et z', quand on remplace $y'^2 + z'^2 - r^2$ par $- a^2$.

Les équations $C = C'$, $F = F'$, sont alors

$$2b^2(a^2-c^2)y_0y'+2c^2(a^2-b^2)z_0z'=b^2(a^2-c^2)y_0{}^2+c^2(a^2-b^2)z_0{}^2$$
$$b^2y_0y'+c^2z_0z'=0.$$

Substituant maintenant, dans les équations $E = E'$, $D = D'$, les valeurs de y' et z' déduites des précédentes, il vient

$$b^2(a^2-c^2)y_0{}^2=c^2(a^2-b^2)z_0{}^2,$$
$$b^2y_0{}^2=c^2z_0{}^2,$$

et ce système ne peut être satisfait que par $b = c$ ou $y_0 = 0$, $z_0 = 0$.

Mais l'une ou l'autre de ces hypothèses est inadmissible.

V.

HYPERBOLOÏDES.

On peut résoudre pour les hyperboloïdes les mêmes questions que pour l'ellipsoïde ; mais, en faisant les changements de signe ordinaires, il n'y aura pas de nouveaux calculs à effectuer.

Seulement, on a maintenant un théorème particulier au cas où la section est une parabole, et dont on trouvera l'énoncé parmi les exercices (Exercice (8), p. 49).

EXERCICES.

(1). Démontrer que la synnormale d'un plan de pôle (α, β, γ) est perpendiculaire à la droite qui joint le point (α, β, γ) au point $\left(\dfrac{a^2}{\alpha}, \dfrac{b^2}{\gamma}, \dfrac{c^2}{\beta}\right)$.

(2). Calculer les coordonnées des points de rencontre de l'ellipsoïde et de la synnormale d'un plan.

On appliquera le théorème X.

(3). Vérifier que la synnormale d'un plan passe par les trois points normaux conjugués par rapport aux ellipses principales, des trois points qui sont les projections sur les plans principaux du pôle du plan donné.

(4). Démontrer que la synnormale d'un plan, mené par trois sommets de l'ellipsoïde non situés dans un même plan, passe toujours par le centre; et que le pôle du plan se projette, sur ce plan, à l'intérieur de l'ellipse de section, lorsque la plus grande des trois quantités $\dfrac{1}{a}, \dfrac{1}{b}, \dfrac{1}{c}$ est plus petite que la somme des deux autres, et, dans le cas contraire, au dehors.

(5). Démontrer directement le théorème III, lorsque le point de départ des normales est sur l'une des sections principales.

On s'appuiera sur le théorème analogue qui est relatif à l'ellipse.

(6). Démontrer que, lorsque le point de départ des normales à l'ellipsoïde se déplace sur l'un des axes, l'axe des x, par exemple, le lieu des pôles des plans qui passent par les pieds des normales, prises trois à trois, est formé de deux courbes, qu'on obtient en coupant par les plans tangents aux deux extrémités de l'axe des x, le cylindre dont l'équation est

$$(b^2+c^2-2a^2)(b^2\gamma^2-c^2\beta^2)+(b^2-c^2)(b^2c^2-\beta^2\gamma^2)=0.$$

(7). Lorsque l'ellipsoïde est de révolution, autour de l'axe des z, par exemple, on trouve que l'équation de la surface normopolaire se décompose en deux équations,

$$\alpha^2+\beta^2=0 \qquad \gamma^2-c^2=0.$$

On propose de rendre compte de ce résultat.

(8). Dans le cas des deux hyperboloïdes, les plans sécants peuvent donner des sections paraboliques; on propose de démontrer qu'alors la condition nécessaire et suffisante pour que le plan ait une synnormale, c'est que son pôle se projette sur lui sur une perpendiculaire à l'axe de la parabole de section, menée à une distance du sommet égale au paramètre de cette courbe, et du même côté que le foyer.

Démonstration. — En appliquant les méthodes analytique et géométrique exposées pages 30 et 35, on trouvera que sur le plan sécant le pôle se projette en un point de la droite $x=p_1, z=0$, p_1 étant le paramètre de la section parabolique, et qu'en même temps la synnormale a pour projection une parallèle à l'axe de la parabole.

Dans la démonstration géométrique, on fera intervenir les théorèmes IX et X, page 12.

(9). Une droite étant déterminée dans l'espace par l'intersection de deux plans qui ont pour pôles, par rapport à l'ellipsoïde, les deux points (α, β, γ), $(\alpha', \beta', \gamma')$, cette droite sera perpendiculaire à sa polaire conjuguée(*), si l'on a

$$a^2(\alpha - \alpha')(\beta\gamma' - \gamma\beta') + b^2(\beta - \beta')(\gamma\alpha' - \alpha\gamma') + c^2(\gamma - \gamma')(\alpha\beta' - \beta\alpha') = 0.$$

Alors, si par la droite donnée on mène deux plans tangents à l'ellipsoïde, les deux normales des points de contact se couperont en un même point.

On propose de démontrer que les coordonnées x, y, z du point de rencontre des deux normales seront données par l'équation

$$x = \frac{(b^2 - c^2)(\beta - \beta')(\gamma - \gamma')}{(\beta\gamma' - \gamma\beta')(\alpha - \alpha')} \times \frac{b^2c^2(\alpha - \alpha')^2 - b^2(\alpha\gamma' - \gamma\alpha')^2 - c^3(\alpha\beta' - \beta\alpha')^2}{b^2c^2(\alpha - \alpha')^2 + a^2c^2(\beta - \beta')^2 + a^2b^2(\gamma - \gamma')^2}$$

et deux équations semblables en y et z, qui se déduiront, par symétrie, de la précédente.

Démonstration. — On pourra prendre d'abord les équations de la droite donnée, sous la forme ordinaire, $x = mz + p$, $x = nz + q$, et quand on aura trouvé l'abscisse x du point d'intersection des normales, pour obtenir une formule symétrique qui dispense de calculer y et z, on adoptera le mode de détermination de la droite, que nous avons indiqué.

Pour cela, dans la valeur trouvée pour x, il suffira de remplacer m, n, p, q par leurs valeurs en $\alpha, \beta, \gamma, \alpha', \beta', \gamma'$.

Remarque. — Les formules qui donnent les coordonnées du point d'intersection des normales pourront servir à résoudre des questions analogues à celles que nous avons traitées pour les normales aux coniques(**). Ainsi, par exemple, si des différents points d'une courbe dont on donne les équations, on mène des normales à un ellipsoïde, puis les plans tangents cor-

---

(*) On appelle polaire conjuguée d'une droite la droite qui réunit les deux points de contact des plans tangents menés à l'ellipsoïde par la première droite.

(**) *Théorèmes et problèmes sur les normales aux coniques* (Mallet-Bachelier).

respondants, on pourra, à l'aide des formules, trouver l'équation de la surface gauche, lieu des intersections des plans tangents pris deux à deux.

(9). Déduire des formules du problème précédent les formules (1) (p. 2).

Démonstration. — Si l'on veut avoir, par exemple, la première des formules (1), on remplacera, dans la formule qui donne x, le premier facteur par la quantité $\dfrac{(a^2 - b^2)(\beta' - \beta)}{\alpha\beta' - \beta\alpha'}$ qui lui est égale en vertu de l'équation de condition, puis on fera $\gamma = 0$, $\gamma' = 0$, etc.

(10). $2a_i$ et $2b_i$ étant les axes de l'ellipse qui est l'intersection de l'ellipsoïde par le plan de pôle (α, β, γ), démontrer les formules suivantes :

$$a_i^2 b_i^2 = \frac{\left(b^2 c^2 \dfrac{\alpha^2}{a^2} + a^2 c^2 \dfrac{\beta^2}{b^2} + a^2 b^2 \dfrac{\gamma^2}{c^2}\right)\left(\dfrac{\alpha^2}{a^2} + \dfrac{\beta^2}{b^2} + \dfrac{\gamma^2}{c^2} - 1\right)}{\left(\dfrac{\alpha^2}{a^2} + \dfrac{\beta^2}{b^2} + \dfrac{\gamma^2}{c^2}\right)^3}$$

$$a_i^2 + b_i^2 = \frac{\left((b^2 + c^2)\dfrac{\alpha^2}{a^2} + (a^2 + c^2)\dfrac{\beta^2}{b^2} + (a^2 + b^2)\dfrac{\gamma^2}{c^2}\right)\left(\dfrac{\alpha^2}{a^2} + \dfrac{\beta^2}{b^2} + \dfrac{\gamma^2}{c^2} - 1\right)}{\left(\dfrac{\alpha^2}{a^2} + \dfrac{\beta^2}{b^2} + \dfrac{\gamma^2}{c^2}\right)^2}$$

Déduire de ces formules l'équation bicarrée qui donne a_i^2 et b_i^2 (*).

(11). Les équations des deux axes de l'ellipse précédente, en prenant le système ordinaire de coordonnées, étant

$$x = mz + p \qquad y = nz + q,$$

démontrer que les directions des axes sont données par les formules suivantes :

$$\frac{\alpha m}{a^2} + \frac{\beta n}{b^2} + \frac{\gamma}{c^2} = 0.$$

$$\frac{a^2 - b^2}{a} \alpha\gamma m^2 + \left((b^2 - c^2)\frac{\alpha^2}{a^2} + (a^2 - c^2)\frac{\beta^2}{b^2} + (a^2 - b^2)\frac{\gamma^2}{c^2}\right)m + \frac{b^2 - c^2}{c^2}\alpha\gamma = 0.$$

(*) La question du concours (1861) et d'autres analogues peuvent se résoudre par ces mêmes formules.

Remarque. — Les formules des problèmes (10) et (11) se rattachent à notre sujet, car elles pourront peut-être servir à établir quelques relations simples entre les grandeurs et les directions des axes des deux ellipses, dont les plans ont une synnormale commune.

(12). Trouver les équations des deux cônes qui passent par les deux sections faites dans l'ellipsoïde par les plans de pôles (α, β, γ), $\left(\dfrac{-a^2}{\alpha}, \dfrac{-b^2}{\beta}, \dfrac{-c^2}{\gamma} \right)$.

On trouvera d'abord pour équation générale des surfaces du second ordre, passant par les deux sections (*) :

$$(\lambda + \alpha\beta\gamma)(b^2c^2x^2 + a^2c^2y^2 + a^2b^2z^2 - a^2b^2c^2) + (a^2\beta^2 + b^2\alpha^2)c^2\gamma xy$$
$$+ (a^2\gamma^2 + c^2\alpha^2)b^2\beta xz + (b^2\gamma^2 + c^2\beta^2)a^2\alpha yz + (a^2 - a^2)b^2c^2\beta\gamma x + (\beta^2 - b^2)a^2c^2\alpha\gamma y$$
$$+ (\gamma^2 - c^2)a^2b^2\alpha\beta z = 0.$$

On exprimera que l'équation précédente représente un cône, en écrivant que le centre est sur la surface ; on aura ainsi, pour déterminer λ, l'équation suivante :

$$4\lambda^2 + 16\alpha\beta\gamma\lambda + u = 0,$$

où u est la somme de trois binômes, dont l'un est

$$\frac{(a^2 + \alpha^2)^2}{a^2}\beta^2\gamma^2 - \alpha^2 \frac{(b^2\gamma^2 + c^2\beta^2)^2}{b^2c^2}$$

et les deux autres se déduisent de celui-là par symétrie.

Si l'on suppose que α, β, γ satisfont à l'équation (13), les équations trouvées seront celles de deux cônes passant par deux sections planes qui contiennent les pieds des normales, issues d'un même point.

(13). Faire voir qu'on peut trouver, dans l'un des plans principaux, le plan des yz, par exemple, le lieu géométrique des points d'où l'on peut mener des normales triples à l'ellipsoïde, en écrivant que, dans l'équation du sixième degré en x_1, le coefficient de x_1^4 est nul : (x_1, y_1, z_1 représentent, comme à l'ordinaire, les coordonnées du pied d'une des normales abaissées du point donné).

(14). Démontrer que sur chaque normale à l'ellipsoïde il existe toujours deux points de départ de normales doubles, dont les pieds se confondent avec celui de la normale donnée, et déterminer les deux points. (Ce sont,

---

(*) Briot et Bouquet, *Géométrie analytique*, p. 324.

comme nous l'avons dit, les deux centres de courbure de la surface au point donné).

Démonstration. — Prenons pour axe des z la normale donnée, pour origine son pied, et pour axes des x et y, des parallèles aux axes de la section qu'on obtient, en abaissant, du centre de l'ellipsoïde, un plan perpendiculaire sur la normale.

Soit

$$mx^2 + ny^2 + pz^2 + 2qyz + 2rxz + 2sz = 0$$

l'équation de l'ellipsoïde.

En désignant par x, y, z, les coordonnées du pied de la normale, et par 0, 0, z_0, celles du point de départ, on aura

$$\frac{x}{mx + rz} = \frac{y}{ny + qz} = \frac{z - z_0}{pz + qy + rx + s};$$

par une élimination très-simple, et en désignant par g, h, k, l, des fonctions de m, n, p, q, r, s, on obtient les deux équations suivantes :

$$qr^2y^3 + (gx + nz_0 + s)r^2y^2 + (kx - (2s + m + n)z0)rqxy + (rx + mz0 + s)q^2x^2 = 0$$
$$nr^2y^3 + hqy^2 + (lx + (npz_0 + (p + 2n - 2m)s)rxy - (r(m + p)x + p(mz_0 + s))qx = 0$$

si on désigne par A, B, C, D, les coefficients de la première équation, et par A', B', C', D', ceux de la seconde, on sait que l'équation résultant de l'élimination de y sera (*)

$$\mu \begin{cases} (DA')^3 - 2(DA')(BA')(DC') - (DA')(CA')(DB') + (CA')^2(DC'), \\ + (DB')^2 BA' + (BA')(BC')(DC') = 0, \end{cases}$$

(DA') désignant DA' — AD.

L'équation précédente est d'abord du neuvième degré ; mais, en divisant tous les termes par x^4, on a immédiatement une équation du cinquième degré. Une racine nulle a donc déjà été supprimée.

Pour exprimer que le point donné $(0, 0, z_0)$ est le point de départ d'une normale double dont le pied se confond avec l'origine des coordonnées,

(*) Salmon, *Higher plane curves*, p. 293.

il faudra écrire que l'équation (μ) a encore une racine nulle, c'est-à-dire que le coefficient du terme indépendant de x est égal à zéro.

Or, dans cette équation, les quatre premiers termes contenant x en facteurs, tout revient à considérer les deux derniers termes, c'est-à-dire (BA') [(DB')² + (BC') (DC')], et l'on ne devra multiplier entre eux que les termes indépendants de x.

On trouve de cette manière, pour ainsi dire sans calcul, et avec les facteurs mis immédiatement en évidence, le dernier terme.

$$2nr^8 q^2 (n-m)^2 (s+mz_0)^2 (s+nz_0)^3 (2s+pz_0),$$

En l'égalant à zéro, on trouve pour z_0 les trois valeurs

$$\frac{-s}{m}, \quad \frac{-s}{n}, \quad \frac{-2s}{p},$$

mais la dernière ne convient pas à la question, car le point $\left(0, 0, \frac{-2s}{p}\right)$ est évidemment le second point d'intersection de la normale avec l'ellipsoïde, et pour ce point on a bien deux valeurs nulles pour les coordonnées y et x du pied de la normale, mais non pas pour la coordonnée z.

Pour les deux points $\left(0, 0, \frac{-s}{m}\right)$, $\left(0, 0, \frac{-s}{n}\right)$, au contraire, aux deux valeurs nulles de x correspondent deux valeurs nulles de y et de z.

Ainsi, les deux valeurs $\frac{-s}{m}$, $\frac{-s}{n}$ représentent les distances des deux centres de courbure au pied de la normale.

CHAPITRE III.

PARABOLOÏDE ELLIPTIQUE.

L'équation du paraboloïde rapporté aux axes ordinaires est

$$\frac{y^2}{2p} + \frac{z^2}{2q} = x.$$

On voit d'abord que d'un point donné on peut mener cinq normales au paraboloïde, parce que l'équation qui détermine l'une des coordonnées du pied de la normale est du cinquième degré.

On trouve aussi, par la même méthode que pour l'ellipsoïde, l'équation du cône, qui contient les cinq normales menées d'un même point (x_0, y_0, z_0), au paraboloïde

$$\frac{p-q}{x-x_0} + \frac{y_0}{y-y_0} - \frac{z_0}{z-z_0} = 0 \, ;$$

dans le cas particulier où le point de départ des normales est sur l'un des plans principaux, le cône est remplacé par deux plans, dont l'un est le plan principal lui-même, et l'autre, un plan qui lui est perpendiculaire.

On déduit de là, comme pour l'ellipsoïde, une construction géométrique qui fait connaître les pieds des deux normales qui ne sont pas dans le plan principal.

En suivant toujours la même marche que pour les surfaces à

centre, prenons, pour inconnues auxiliaires, dans le problème des normales menées d'un point au paraboloïde, les coordonnées α, β, γ, d'un plan qui passe par les pieds de trois des normales.

x_0, y_0, z_0, désignant toujours les coordonnées du point d'où partent les normales, on trouvera, par la méthode exposée page 18 et suivantes, les équations

$$(1) \qquad 2(p\gamma^2 + q\beta^2)\alpha + (p - q)(2q\beta^3 - 2p\gamma^3 + pq(p - q)) = 0,$$

$$(2) \qquad \begin{cases} 2p\alpha\gamma x_0 + (2p\gamma^2 - 2q\beta^2 + pq^2 - qp^2)z_0 = 2\alpha\gamma(2\beta^2 - \alpha p + p^2), \\ 2q\alpha\beta x_0 + (2q\beta^2 - 2p\gamma^2 + qp^2 - pq^2)y_0 = 2\alpha\beta(2\gamma^2 - \alpha q + q^2). \end{cases}$$

Si on voulait obtenir l'équation qui donne l'une des coordonnées du pôle, α par exemple, on aurait à éliminer β et γ entre les équations (1) et (2), mais on aurait ainsi une équation du dixième degré en α, c'est-à-dire d'un degré double de celle qui fait connaître les abscisses des pieds des normales, et la solution du problème n'aurait rien gagné à l'échange des variables.

On peut remarquer, en passant, que l'équation (1) donne le théorème suivant.

THÉORÈME I. — *Si d'un point on mène les cinq normales en paraboloïde elliptique, et qu'on fasse passer des plans par les pieds des normales, prises trois à trois, le lieu géométrique des pôles de ces plans est une surface du troisième ordre, représentée par l'équation* (1).

Nous appellerons la surface (1) la surface normopolaire du paraboloïde elliptique.

Supposons maintenant que le point (α, β, γ) soit donné, et qu'on demande de calculer les coordonnées x_0, y_0, z_0, du point d'intersection de trois normales, ayant leurs pieds sur la section qui est déterminée dans le paraboloïde, par le plan polaire du point (α, β, γ).

L'équation (1) exprime d'abord une condition nécessaire et suffisante pour que le problème soit possible.

Quand cette condition est remplie, les coordonnées x_0, y_0, z_0 doivent satisfaire seulement aux équations (2) ; alors le problème a une infinité de solutions, et le lieu des intersections des normales, prises trois à trois, est une droite dont on obtient les équations, en supprimant l'indice (₀) dans les équations (2), on peut donc énoncer le théorème suivant.

Théorème II. — *La condition nécessaire et suffisante pour que trois normales ayant leurs pieds sur une section plane d'un paraboloïde elliptique puissent se couper en un même point, c'est que le pôle du plan sécant se trouve sur la surface normopolaire* (1).

Alors les normales se coupent trois à trois, en nombre infini, et le lieu géométrique des points d'intersection est une droite représentée par les équations (2).

La dernière droite sera, en adoptant la même définition que pour l'ellipsoïde, *la synnormale* du plan sécant.

Remarque. — Au lieu d'appliquer au paraboloïde la méthode directe, il sera plus simple de considérer le paraboloïde comme la limite d'un ellipsoïde dont les axes $2a$, $2b$, $2c$ sont devenus infinis, mais sous la condition

$$\lim \left(\frac{b^2}{a} \right) = p \qquad \lim \left(\frac{c^2}{a} \right) = q.$$

Voici la marche du calcul, qu'on suivra aussi dans les cas semblables.

On changera d'abord, x et α en $x-a$ et $\alpha-a$, dans les équations (15) et (17), pages 21 et 23.

Puis, regardant b^2 et c^2, comme étant du premier degré en a, on verra quels sont les termes du degré le plus élevé en a, et les termes du degré immédiatement inférieur ; les termes les plus élevés en a disparaissant, on remplacera dans les termes du degré immédiatement inférieur b^2 et c^2 par pa et qa ; il ne restera plus alors, pour obtenir les équations demandées, que d'égaler à zéro les multiplicateurs de la puissance de a, dans les termes en question de chaque équation.

On obtient ainsi, à peu près sans calcul, les équations (1) et (2).

Cherchons maintenant le théorème qui dans le paraboloïde elliptique remplace le théorème III, page 22.

On ne peut plus ici, comme pour l'ellipsoïde, partager les normales issues d'un même point, en deux groupes de trois normales chacune, et associer deux plans donnant tous deux des sections elliptiques ; mais je vais démontrer le théorème suivant :

THÉORÈME III. — *Si on fait passer un plan par les pieds de trois normales au paraboloïde elliptique, partant d'un point donné, et par les pieds des deux autres, un plan parallèle à l'axe ;*

α, β, γ étant les coordonnées du pôle du premier plan, le second plan aura pour équation

$$\frac{y}{\beta}+\frac{z}{\gamma}+2=0.$$

Je remarque d'abord que le premier plan qui passe par les pieds de trois normales donne nécessairement une section elliptique.

En effet, trois normales passant par un même point, et ayant leurs pieds sur une section parabolique, seraient évidemment dans un même plan perpendiculaire aux génératrices du cylindre circonscrit au paraboloïde suivant la section, ce qui ne peut arriver que pour une section principale. Maintenant, nous savons que, dans l'ellipsoïde, les deux plans associés, c'est-à-dire qui ont même synnormale, ont respectivement pour coordonnées de leurs pôles α, β, γ ; $\dfrac{-a^2}{\alpha},\dfrac{-b^2}{\beta},\dfrac{-c^2}{\gamma}$.

Le second a évidemment pour équation

$$\frac{x}{\alpha}+\frac{y}{\beta}+\frac{z}{\gamma}=-1,$$

Mais, si on passe au paraboloïde par la méthode indiquée plus haut, on trouve

(a) $$\frac{y}{\beta}+\frac{z}{\gamma}+2=0,$$

C'est ce qu'il fallait démontrer.

THÉORÈME IV. — *Le plan de pôle* α, β, γ, *par rapport au paraboloïde elliptique, et le plan parallèle à l'axe, qui est représenté par l'équation* (3) *ont même synnormale.*

Le théorème peut être considéré comme la conséquence du théorème analogue relatif à l'ellipsoïde, en remarquant toutefois que la synnormale du plan (3) est le lieu géométrique des points d'intersection de deux normales seulement, la troisième ayant disparu, parce qu'une ellipse a été changée en parabole.

En considérant toujours le paraboloïde comme un ellipsoïde infini, on arrive facilement aux théorèmes qui suivent.

THÉORÈME V. — *La synnormale commune à deux plans coupe le paraboloïde en deux points qui sont, l'un sur l'ellipse, l'autre sur la parabole de section.*

THÉORÈME VI. — *La synnormale se projette sur chacun des deux plans qui lui sont associés, suivant une normale à chacune des sections.*

THÉORÈME VII. — *La synnormale a son pied sur la section parabolique, en un point qu'on obtient par la construction suivante :*

Projetez sur le plan de la parabole l'une des génératrices du cylindre qui touche, le long de cette courbe, le paraboloïde ; menez parallèlement à la projection une tangente à la parabole et la normale au point de contact, le second point de rencontre de la normale avec la parabole sera le pied demandé.

Pour démontrer ce dernier théorème, remarquons que le cône circonscrit à l'ellipsoïde, suivant l'ellipse de section, étant devenu un cylindre pour le paraboloïde, la projection du sommet du cône sur le plan sécant sera maintenant un point à l'infini, sur la projection de l'une des génératrices du cylindre.

Par conséquent, en appliquant la construction qui donne le point normal conjugué d'un point donné par rapport à une conique, on mènera une tangente parallèle aux projections des génératrices ducylindre ; et la normale, au point de contact, devra couper la parabole au point normal conjugué du point à l'infini, c'est-à-dire au pied de la synnormale (Th. X, p. 32).

Le théorème va d'ailleurs être démontré, tout à l'heure, d'une manière directe.

Nous pouvons maintenant, comme nous l'avons fait pour l'ellipsoïde, nous donner une section plane d'un paraboloïde, et traiter directement le problème des points de rencontre des normales dont les pieds sont sur la section.

Quand la section est une ellipse, les résultats sont évidemment les mêmes que pour l'ellipsoïde, car les méthodes analytique et géométrique sont évidemment les mêmes pour les deux surfaces.

Quand la section est une parabole, les théorèmes III et IV indiquent d'avance ce qu'on doit trouver ; car l'équation (3) pouvant représenter un plan quelconque, parallèle à l'axe du paraboloïde, on peut conclure que le lieu d'intersection des normales, prises deux à deux, est une ligne droite, lorsque les pieds sont sur une parabole quelconque tracée sur la surface.

C'est ce que nous allons vérifier par un calcul direct.

Nous rapporterons le paraboloïde au système d'axes suivant :

Les axes des x et des y seront l'axe de la parabole de section, et la tangente au sommet ; et l'axe des z sera la perpendiculaire au plan sécant, menée par le même sommet ; s étant le paramètre de la parabole de section, les équations de cette parabole seront

$$z = 0, \quad y^2 = 2sx ;$$

si, d'un autre côté,

$$x = mz, \quad y = nz,$$

sont les équations d'une parallèle aux génératrices du cylindre circonscrit suivant la parabole, on aura pour équation de ce cylindre

$$(4) \qquad (y - nz)^2 = 2s(x - mz).$$

Les équations d'une normale menée par le point $(x, y, 0)$ de

la parabole au cylindre (4), ou, ce qui revient au même, au paraboloïde, seront

(5) $$ x - x_{\text{,}} = \frac{-s}{ms - ny_{\text{,}}} z \qquad y - y_{\text{,}} = \frac{y_{\text{,}}}{ms - ny_{\text{,}}} z $$

avec la condition

(6) $$ y_{\text{,}}^2 = 2sx_{\text{,}}. $$

Si on élimine $x_{\text{,}}$, entre les équations (5), puis entre la première
des équations (5) et l'équation (6), il vient

(7) $$ ny_{\text{,}}^2 - (ny + ms + z)y_{\text{,}} + asy = 0, $$

(8) $$ ny_{\text{,}}^3 - msy_{\text{,}}^2 - 2nsxy_{\text{,}} + 2s^2(mx + z) = 0, $$

Si l'on considère dans le calcul x, y, z, comme représentant
les coordonnées du point d'où l'on mène les normales dont les
pieds sont sur la parabole, les coordonnées $x_{\text{,}}$, $y_{\text{,}}$, d'un des pieds
seront déterminées par l'équation (7) et la première des équa-
tions (5).

Par suite, on ne pourra mener plus de deux normales se coupant en un même point et ayant leurs pieds sur la parabole ; c'est
ce que nous avions déjà remarqué.

Maintenant, si on multiplie l'équation (7) par $y_{\text{,}}$, et qu'après
cette multiplication, on retranche (7) et (8), membre à membre,
on aura

(9) $$ (ny + z)y_{\text{,}}^2 - s(2nx + my)y_{\text{,}} + 2s^2(mx + z) = 0 ; $$

identifiant maintenant les équations (7) et (9) qui doivent être satisfaites par les mêmes valeurs de y, il viendra

(10) $$ my(ny + z) - 2ns(mx + z) = 0 ; $$

(11) $$ 2m^2sx - m^2y^2 + n^2z^2 + 2(mx + ny + ms)z = 0 ; $$

mais si on multiplie (10) et (11) respectivement par n et m et qu'on ajoute membre à membre, après avoir supprimé le facteur z, il vient

$$(12) \qquad 2n(mx+z)+(m^2+2n^2)y=0;$$

multipliant maintenant (12) par s, et ajoutant, membre à membre, avec (10), on a, après la suppression du facteur y,

$$(13) \qquad mny+mz+s(m^2+2n^2)=0;$$

On s'assure d'ailleurs facilement, en comparant directement les équations (7) et (9), que les facteurs supprimés y et z, rendus égaux à zéro, ne donnent que des solutions étrangères.

On peut conclure du calcul précédent, que pour déterminer les coordonnées x, y, z du point d'intersection des deux normales ayant leurs pieds sur la parabole, on n'a que les deux équations du premier degré (12) et (13).

Les normales ayant leurs pieds sur la section parabolique se coupent donc deux à deux, en un même point ; et le lieu de ce point est une droite, représentée par les équations (12) et (13) ; c'est la synnormale du plan sécant.

Vérifions maintenant les propriétés de la synnormale qui nous sont connues d'avance, et d'abord que cette droite se projette sur le plan sécant suivant une normale à la section.

En effet, des équations (12) et (13) on déduit

$$(14) \qquad y=-\frac{2n}{m}x+2ns\frac{m^2+2n^2}{m^3},$$

et si l'on compare cette équation à celle de la normale qui est menée à une parabole $y^2=2px$, parallèlement à une direction définie par le coefficient angulaire μ, c'est-à-dire à

$$y=\mu x-\frac{p\mu(\mu^2+2)}{2},$$

on reconnaît bien dans l'équation (14) celle d'une normale à la parabole $y^2 = 2sx$.

La synnormale rencontre le paraboloïde en un point de la parabole elle-même.

En effet, on obtient pour les coordonnées x', y' du point de rencontre,

$$x' = \frac{s(m^2 + 2n^2)^2}{2m^2n^2} \qquad y' = \frac{s(m^2 + 2n^2)}{mn},$$

et on voit bien que x' et y' satisfont à l'équation

$$y'^2 = 2sx'.$$

Démontrons maintenant la propriété de la synnormale que donne le théorème VII.

On voit facilement, d'abord, que les valeurs précédentes de x', y' satisfont à l'équation (14), sans être les coordonnées du pied même de la normale représentée par cette équation; par conséquent, si on désigne par c le pied de la normale, et, par d le second point d'intersection de cette ligne avec la parabole, d sera le pied de la synnormale.

La normale (14), projection de la synnormale, n'est pas celle qui est indiquée dans l'énoncé du théorème VII; mais je vais faire voir maintenant, que, si l'on mène du point d les normales de et df, ayant leurs pieds en d et f, la troisième normale à la parabole df est précisément celle que donne l'énoncé.

Tout revient à prouver que le coefficient angulaire de df est égal à $-\dfrac{m}{n}$: or, si on désigne par x'', y'' les coordonnées du point c, par x''', y''' celles du point f; x', y' étant déjà celles du point d, on sait que l'on a

$$y' + y'' + y''' = 0 ;$$

d'ailleurs, en cherchant l'intersection de la normale (14) avec la parabole, on trouve

$$\frac{-y'}{s} + \frac{-y''}{s} = \frac{m}{n},$$

donc $\frac{-y'''}{s} = -\frac{m}{n}$; c'est ce qu'il fallait démontrer.

PROBLÈME I. — *Trouver sur une section plane d'un paraboloïde elliptique les pieds des normales qui se coupent en un même point.*

Quand la section est une ellipse, la solution est la même que pour l'ellipsoïde.

Si la section est une parabole, d'un point pris sur la normale à cette courbe obtenue, comme il a été dit plus haut, abaissez les deux autres normales ; leurs pieds seront les pieds demandés.

PROBLÈME II. — *Par un point pris sur la synnormale d'un plan, mener les normales au paraboloïde, dont les pieds soient sur la courbe de section du plan, et déterminer le nombre des normales réelles*

La solution est la même pour le paraboloïde et l'ellipsoïde, quand la section est une ellipse.

Mais, si la section est une parabole, projetez le point donné sur le plan de la section, et de la projection abaissez les deux normales à la parabole, différentes de celle qui est la projection de la synnormale ; les pieds des deux normales seront ceux des normales au paraboloïde.

Soient, comme précédemment, d le pied de la synnormale sur le plan de la parabole, df sa projection, g le point où df rencontre la développée de la parabole.

On peut considérer le point g, comme partageant la droite df en deux segments indéfinis, dont l'un contient le point d. Il est évident alors, que, si le point donné se projette sur le segment qui contient le point d, on pourra mener deux normales réelles, dont les pieds seront sur la section ; au contraire, si le point se projette sur le second segment, les deux normales sont devenues imaginaires.

Du point G projeté en g part une normale double.

PROBLÈME III. — *D'un point pris sur la synnormale commune à deux plans, mener les normales dont les pieds soient sur les sections correspondantes du paraboloïde, et déterminer le nombre des normales réelles.*

On construira séparément les trois normales qui vont à l'ellipse, puis les deux normales dont les pieds sont sur la parabole.

Conservons les mêmes notations que tout à l'heure, et désignons de plus par a et b les points où la projection de la synnormale sur le plan de l'ellipse rencontre la développée de cette courbe. Soient aussi A et B les points de la synnormale projetés en a et b.

Pour faciliter le langage, nous dirons que le segment de la synnormale qui contient le point d est à droite du point G_1, tandis que l'autre segment est à gauche.

Supposons, d'abord, que A et B se trouvent tous deux à droite de G, alors, de tout point compris entre A et B, partiront cinq normales réelles, et, de tout autre point à droite de G, partiront trois normales les réelles, deux ayant leurs pieds sur la parabole, et la troisième sur l'ellipse.

D'un point à gauche de G ne partira qu'une seule normale réelle dont le pied appartiendra à l'ellipse.

On peut maintenant supposer que le segment AB est à gauche de G, et subdiviser ce cas en deux, suivant que AB comprend ou non le point d; on trouvera, comme tout à l'heure, le nombre des normales réelles. Je crois inutile de donner les détails de la discussion.

Remarque. — Les trois points A, B, G sont les points de départ de trois normales doubles, et il en est de même des points H et K, où la synnormale est rencontrée par les normales au paraboloïde qui passent par les deux points d'intersection réels ou imaginaires des deux plans dont la synnormale est commune.

Si on donne aux pôles des plans qui ont une synnormale toutes les positions possibles sur la surface normopolaire, les cinq points A, B, G, H, K engendreront la surface, lieu des centres de courbure du paraboloïde; on peut énoncer ce théorème :

THÉORÈME VIII. — *Une synnormale quelconque rencontre en cinq points réels la surface, lieu des centres de courbure du paraboloïde.*

5

Si l'on savait construire l'une des dix synnormales qui passent par un point donné, le problème du nombre des normales réelles menées, d'un point donné, à un paraboloïde elliptique, serait immédiatement résolu.

Le premier problème est moins facile que le second, mais au moins notre analyse montre-t-elle que le nombre des normales réelles partant du point donné dépend de la situation de ce point relativement à la surface, lieu des centres de courbure du paraboloïde elliptique.

Nous ne jugeons pas à propos de traiter pour le paraboloïde les mêmes questions que celles qui ont terminé l'étude de l'ellipsoïde, les méthodes étant tout à fait les mêmes : on trouvera plus loin, aux exercices, les solutions.

Paraboloïde hyperbolique. — Les théorèmes et problèmes donnés pour le paraboloïde elliptique s'étendent immédiatement à l'autre, il suffit dans les démonstrations de changer q en $- q$.

EXERCICES.

(1). Démontrer directement que, quand le point (α, β, γ) est sur la surface (1), la droite représentée par les équations (2) (où l'indice ϱ est supprimé), coupe toutes les normales dont les pieds sont sur la section correspondante au plan de pôle (α, β, γ).

(2). *Trouver les équations de la synnormale d'un plan quelconque, parallèle à l'axe du paraboloïde elliptique.*

L'équation du plan étant représentée par

$$\frac{y}{\beta} + \frac{z}{\gamma} + 2 = 0 \ .$$

on obtiendra les équations (1) et (2).

(3). *Trouver l'équation de la surface aux normales dont les pieds sont sur une section parabolique du paraboloïde elliptique.*

Démonstration. — En prenant pour axes des coordonnées les mêmes axes qu'à la page 60, on sera conduit à éliminer y_i entre les équations (7) et (9) : on voit immédiatement que la surface est du quatrième ordre. L'équation de cette surface sera du second degré par rapport à l'une des variables, si l'on prend pour plans des coordonnées les trois plans qui ont pour équations

$$ny + z = 0, \qquad 2nx + my = 0 \qquad mx + z = 0.$$

(4). *Un paraboloïde elliptique est donné, ainsi qu'une droite dont les équations sont*

$$x = gz + t \qquad y = hz + u,$$

on demande :

1° *La relation qui doit avoir lieu entre g, h, u, t, pour que la droite soit perpendiculaire à sa polaire conjuguée.*

2° *Lorsque la condition est satisfaite, de calculer en fonction de g, h, u, t les coordonnées* x_0, y_0, z_0 *du point de rencontre des normales menées par les points de contact du paraboloïde et des plans tangents qui passent par la droite donnée.*

Démonstration. — On trouve d'abord pour équation de condition

$$g + h (p - q) = 0,$$

x', y', z', x'', y'', z'' représentant les coordonnées des deux points de contact, on a d'abord

$$z_0 = \frac{u}{hq^2} z' z'' \qquad y_0 = \frac{(p-q)}{gp^2} hy'y'' \qquad x_0 = \frac{-u}{hq} \frac{z'+z''}{2} + \frac{x'+x''}{2} + q,$$

et de là on déduit facilement les formules demandées

$$x_0 = \frac{(2u^2 - pt + p^2) + (2q - p - t) gh^2}{p + h^2 q} \qquad y_0 = \frac{-u^2(g^2q + 2t)}{p + h^2 q}$$

$$z_0 = \frac{u (g^2 p - 2ghu + 2h^2 t)}{h (p + h^2 q)}.$$

Ces formules auront le même usage que les formules analogues relatives à l'ellipsoïde.

(5). *Déduire des formules précédentes les formules (2), page 3.*

(6). Trouver le lieu géométrique des points situés dans les plans principaux d'où l'on peut mener des normales triples à un paraboloïde, en suivant l'une ou l'autre des méthodes indiquées pages 44 et 52 pour l'ellipsoïde.

(7). Démontrer que le paraboloïde elliptique a deux ombilics situés dans le plan principal auquel correspond la section parabolique de plus petit paramètre.

En représentant l'équation du paraboloïde elliptique par

$$z = \frac{x^2}{2a} + \frac{y^2}{2b},$$

et supposant $a > b > o$, on trouvera que les coordonnées des deux ombilics sont données par les équations suivantes :

$$x = o \qquad y = \pm \sqrt{b(a-b)} \qquad z = \frac{a-b}{2}.$$

(8). Démontrer que, sur chaque normale à un paraboloïde, il existe toujours deux points de départ de normales doubles dont les pieds se confondent avec celui de la normale donnée, et déterminer les deux points. Ce sont les deux centres de courbure de la surface au point donné.)

CHAPITRE IV.

CYLINDRES ET CÔNES.

—————

Cylindres. — On voit d'abord facilement que d'un point donné on peut mener quatre normales à un cylindre, quand il est elliptique ou hyperbolique, et trois seulement, quand il est parabolique.

Les normales à la surface sont d'ailleurs les normales à la section droite dont le plan passe par le point donné.

Cônes. — Nous supposerons que le cône rapporté à son centre et à ses axes a pour équation

$$b^2c^2x^2 + a^2c^2y^2 - a^2b^2z^2 = 0.$$

Les équations d'une normale au point (x_i, y_i, z_i) du cône sont

$$\frac{a^2(x - x_i)}{x_i} = \frac{b^2(y - y_i)}{y_i} = \frac{-c^2(z - z_i)}{z_i},$$

x_i, y_i, z_i satisfaisant à l'équation

$$b^2c^2x_i^2 + a^2c^2y_i^2 - a^2b^2z_i^2 = 0.$$

En éliminant y_i, z_i entre les trois dernières équations, on trouve une équation du quatrième degré en x_i, d'où on conclut que d'un point on ne peut mener que quatre normales à un cône du second degré.

Cherchons maintenant à quelle condition doit satisfaire un plan qui ne passe pas par le sommet du cône, pour que trois normales partant de la section correspondante se coupent en un même point.

On peut employer la première méthode donnée pour l'ellipsoïde ; mais, pour ne pas avoir à recommencer les calculs, on remplacera avant tout l'équation du cône par celle-ci

$$b^2 c^2 x^2 + a^2 c^2 y^2 - a^2 b^2 z^2 = 0,$$

l'équation du plan étant primitivement donnée sous la forme ordinaire

$$mx + ny + pz = 1.$$

On peut l'écrire ainsi :

$$\frac{\alpha x}{a^2} + \frac{\beta y}{b^2} + \frac{\gamma z}{c^2} = 1.$$

En posant

$$\alpha = a^2 m, \quad \beta = b^2 n, \quad \gamma = c^2 p,$$

on voit d'abord que M, N, P, Q (p. 19), conserveront les mêmes valeurs.

D'un autre côté, l'équation

$$b^2 c^2 x^2 + a^2 c^2 y^2 + a^2 b^2 z^2 = 0,$$

contenant le terme $a^2 b^2 c^2$ de moins que l'équation de l'ellipsoïde, P_1, Q_1, R_1, auront changé de valeur, et contiendront, en moins, les trois termes $-a^4 \gamma^2 (a^2 - b^2)$, $-2a^6 \gamma^2 (a^2 - b^2)$, $-a^8 \gamma^2 x^2$; on trouve alors pour les équations analogues aux équations (15) et (17), pages 21 et 24 :

$$(b^2 - c^2)^2 b^2 c^2 \alpha^2 + (a^2 - c^2)^2 a^2 c^2 \beta^2 + (a^2 - b^2)^2 a^2 b^2 \gamma^2 = 0,$$

$$\frac{a^2 \beta^2 + b^2 \alpha^2}{a^2 - b^2} \cdot \frac{x}{\alpha} + \frac{b^2 \gamma^2 + c^2 \beta^2}{c^2 - b^2} \cdot \frac{z}{\gamma} = b^2,$$

$$\frac{a^2\beta^2 + b^2\alpha^2}{b^2 - a^2}\frac{y}{\beta} + \frac{a^2\gamma^2 + c^2\alpha^2}{c^2 - a^2}\frac{z}{\gamma} = c^2 \; ;$$

mais, pour avoir les équations demandées, on doit remplacer α, β, γ, par a^2m, b^2n, c^2p, puis c^2 par $-c^2$: on trouve ainsi

(1) $\quad (b^2 + c^2)^2 a^2 m^2 + (a^2 + c^2)^2 b^2 n^2 - (a^2 - b^2)^2 c^2 p^2 = 0,$

(2) $\quad \begin{cases} \dfrac{b^2 n^2 + a^2 m^2}{a^2 - b^2}\dfrac{x}{m} + \dfrac{c^2 n^2 - b^2 p^2}{(b^2 + c^2)}\dfrac{z}{p} = b^2, \\[3mm] \dfrac{b^2 n^2 + a^2 m^2}{b^2 - a^2}\dfrac{y}{n} + \dfrac{a^2 m^2 - c^2 p^2}{a^2 + c^2}\dfrac{z}{p} = a^2 \; ; \end{cases}$

si maintenant on observe que les équations d'une perpendiculaire abaissée du sommet du cône sur le plan sécant sont

$$\frac{x}{m} = \frac{y}{n} = \frac{z}{p},$$

en remplaçant dans l'équation (1) m, n, p, par les quantités proportionnelles x, y, z, on aura l'équation d'un cône de second degré

(3) $\quad (b^2 + c^2)^2 a^2 x^2 + (a^2 + c^2)^2 b^2 y^2 - (a^2 - b^2)^2 c^2 z^2 = 0.$

On peut donc énoncer le théorème suivant :

THÉORÈME I. — *La condition nécessaire et suffisante pour qu'un plan qui coupe un cône du second degré ait une synnormale, lieu géométrique des points d'intersection des normales qui ont leurs pieds sur la section correspondante, c'est que le plan sécant soit perpendiculaire à l'une des génératrices du cône représenté par l'équation* (3).

Il résulte de la condition énoncée, ce qui, du reste, est évident *à priori*, que si un plan a une synnormale, il en est de même de tous les plans parallèles.

On pourra faire en sorte que les équations (2) représentent les synnormales de tous les plans parallèles, en y remplaçant m, n, p par ces quantités multipliées par une indéterminée λ ; ce qui revient à multiplier les premiers membres des équations par cette indéterminée.

On voit ainsi que tous les plans parallèles ont leurs synnormales parallèles ; d'ailleurs, le lieu de toutes ces droites est un plan passant par l'une d'elles et le sommet du cône.

En effet, si on divise membre à membre les équations (2) dont les premiers membres ont été préalablement multipliés par λ, cette indéterminée disparaît, et on a l'équation d'un plan passant par le sommet du cône.

Prenons maintenant la seconde manière d'exprimer qu'un plan coupant une surface du second ordre a une synnormale.

Les théorèmes trouvés pour les surfaces qu'on a étudiées précédemment sont immédiatement applicables aux cônes, puisque, pour trouver ces théorèmes, nous avons substitué aux surfaces du second ordre des cônes circonscrits.

On peut donc énoncer le théorème suivant :

THÉORÈME II. — *Pour qu'un plan coupant un cône du second degré ait une synnormale, il faut et il suffit que le sommet du cône* $(\alpha_1, \beta_1, \gamma_1)$ *se projette sur le plan sécant, sur l'une des trois lignes*

$$a_1^2\alpha_1^2 + b_1^2\beta_1^2 = (a_1^2 - b_1^2) \quad a_1^2\alpha_1^2 - b_1^2\beta_1^2 = (a_1^2 + b_1^2) \quad a_1 = p_1,$$

suivant que la section est une ellipse, une hyperbole ou une parabole.

On suppose que dans les deux premiers cas on a pris pour axes les deux axes de la conique et une perpendiculaire au plan sécant menée par le centre de la section ; et dans le second cas, l'axe, la tangente au sommet de la parabole, et la perpendiculaire au plan sécant menée par ce dernier point.

$2a_1$ et $2b_1$ sont les axes de la conique à centre, p_1 le paramètre de la parabole.

Les théorèmes I et II ont ici moins d'importance que pour l'ellipsoïde et les hyperboloïdes, parce que les normales issues d'un point ne peuvent plus se partager en deux groupes de trois normales ; mais on peut les partager en groupes de deux normales, et ce nouveau point de vue conduit à des conséquences remarquables.

Menons par le sommet du cône un plan sécant, la section se composera de deux génératrices : si par ces droites on mène les deux plans normaux à la surface, les plans se couperont suivant une droite qui sera le lieu des points d'intersection des normales au cône, ayant leurs pieds sur les génératrices et prises deux à deux.

La droite ainsi obtenue sera la synnormale du plan sécant.

On peut maintenant se proposer la question suivante :

PROBLÈME I. *Par une droite passant par le sommet du cône on mène deux plans tangents, puis par les génératrices de contact, deux plans normaux ; on propose de trouver la droite d'intersection de ces deux derniers plans, la première droite étant connue.*

Prenons les axes ordinaires, et soient α, β, γ, les coordonnées d'un point quelconque de la première droite, x, y, z, celles d'un point quelconque de la seconde.

La question est évidemment de trouver $\dfrac{x}{z}$, $\dfrac{y}{z}$, connaissant $\dfrac{\alpha}{\gamma}$, $\dfrac{\beta}{\gamma}$; soient (x', y', z'), (x'', y'', z''), les coordonnées de deux points quelconques des génératrices, on a

$$\frac{x'\alpha}{a^2}+\frac{y'\beta}{b^2}-\frac{z'\gamma}{c^2}=0$$

$$\frac{x''\alpha}{a^2}+\frac{y''\beta}{b^2}-\frac{z''\gamma}{c^2}=0;$$

d'où l'on tire

$$\frac{\alpha}{\gamma}=\frac{a^2}{c^2}\frac{z'y''-y'z''}{x'y''-y'x''} \qquad \frac{\beta}{\gamma}=\frac{b^2}{c^2}\frac{x'z''-z'x''}{x'y''-y'x''} ;$$

d'un autre côté, les équations des deux plans normaux sont :

$$a^2(b^2+c^2)y'z'x-b^2(a^2+c^2)x'z'y-c^2(a^2-b^2)x'y'z=0,$$
$$a^2(b^2+c^2)y''z''x-b^2(a^2+c^2)x''z''y-c^2(a^2-b^2)x''y''z=0,$$

et l'on en déduit

$$\frac{x}{z} = \frac{c^2 (a^2 - b^2)}{a^2 (b^2 + c^2)} \frac{(y'z'' - z'y'') x'x''}{(y'x'' - x'y'') y'y''}, \qquad \frac{y}{z} = \frac{c^2 (a^2 - b^2)}{b^2 (a^2 + c^2)} \frac{(x'z'' - z'x'') y'y''}{(y'x'' - x'y'') x'z''};$$

mais, à cause des formules qui donnent $\dfrac{\alpha}{\gamma}$ et $\dfrac{\beta}{\gamma}$, il vient

$$\frac{x}{z} = \frac{-c^4 (a^2 - b^2) x'x'' \alpha}{a^4 (b^2 + c^2) z'z'' \gamma}, \qquad \frac{y}{z} = \frac{c^4 (a^2 - b^2) y'y'' \beta}{b^4 (a^2 + c^2) z'z'' \gamma}.$$

En cherchant l'intersection du cône et du plan sécant dont l'équation est

$$\frac{\alpha x}{a^2} + \frac{\beta y}{b^2} - \frac{\gamma z}{c^2} = 0,$$

on obtient sans difficulté

$$\frac{x'x''}{z'z''} = \frac{a^4 (b^2 \gamma^2 - c^2 \beta^2)}{c^4 (a^2 \beta^2 + b^2 \alpha^2)} \qquad \frac{y'y''}{z'z''} = \frac{b^4 (a^2 \gamma^2 - c^2 \alpha^2)}{c^4 (a^2 \beta^2 + b^2 \alpha^2)},$$

Substituant enfin dans les formules précédentes les valeurs de $\dfrac{x'x''}{z'z''}$, $\dfrac{y'y''}{z'z''}$, que nous venons d'écrire, on obtient les formules demandées

$$(4) \quad \frac{x}{z} = \frac{(a^2 - b^2)(c^2 \beta^2 - b^2 \gamma^2) \alpha}{(b^2 + c^2)(a^2 \beta^2 + b^2 \alpha^2) \gamma}, \qquad \frac{y}{z} = \frac{(a^2 - b^2)(a^2 \gamma^2 - c^2 \alpha^2) \beta}{(a^2 + c^2)(a^2 \beta^2 + b^2 \alpha^2) \gamma},$$

On voit qu'elles sont semblables aux formules de la page 1, et qu'elles peuvent servir à résoudre des problèmes analogues.

Les formules (4) ne changeant pas, quand on y remplace α, β, γ par $\dfrac{-a^2}{\alpha}$, $\dfrac{-b^2}{\beta}$, $\dfrac{c^2}{\gamma}$, on en conclut le théorème suivant :

Théorème III. *Si deux droites, menées par le sommet du cône, ont pour équations*

$$x = mz \qquad x = m'z ,$$
$$y = nz \qquad y = n'z ,$$

et que les coefficients angulaires soient liés entre eux par les équations

$$mm' = \frac{-a^2}{c^2} \qquad nn' = \frac{-b^2}{c^2} ,$$

en menant par les deux droites deux plans tangents et par les génératrices de contact des plans normaux, les quatre plans normaux, ainsi obtenus, se couperont suivant une même droite.

Les formules (4) sont analogues aux formules relatives à l'ellipse ; mais on peut faire mieux encore, et les remplacer par ces formules mêmes, c'est-à-dire ramener le problème des normales aux cônes du second degré au même problème pour l'ellipse.

Pour que la droite passant par le sommet du cône et la synnormale conjuguée soient déterminées, il suffit qu'un point de ces deux droites soit déterminé.

Prenons, par exemple, les points où les deux droites sont coupées par le plan $z = c$;

Soient (α, β, c), (ξ, η, c), les coordonnées des deux points ;

Remplaçant dans les équations (4) x et y par ξ et η, z et γ par c, puis posant

$$(5) \qquad x = \frac{-(b^2 - c^2)}{c^2} \xi \qquad y = \frac{-(a^2 + c^2)}{c^2} \eta,$$

il viendra

$$(6) \qquad x = \frac{(a^2 - b^2)(b^2 - \beta^2)\alpha}{a^2\beta^2 + b^2a^2} \qquad y = \frac{(a^2 - b^2)(\alpha^2 - a^2)\beta}{a^2\beta^2 + b^2\alpha^2},$$

c'est-à-dire précisément les formules de la page (1).

On peut conclure de là, que dans le plan $z = c$, le point (x, y)

est, par rapport à l'ellipse de section, le point normal conjugué du point (α, β); la propriété analogue a évidemment lieu pour tous les plans parallèles, et par suite on peut énoncer le théorème suivant :

Théorème IV. — *Si on coupe un cône par un plan parallèle à celui des plans principaux qu'il faut choisir pour que la section soit une ellipse, et qu'on détermine les quatre points où la section coupe quatre génératrices correspondant à quatre plans normaux passant par une même droite, les quatre points obtenus seront les pieds de quatre normales à l'ellipse issues d'un même point.*

Et réciproquement, si d'un point d'une ellipse dont le plan est parallèle à l'un des plans principaux, on mène quatre normales à cette ellipse, les quatre pieds appartiendront à quatre génératrices du cône telles que les plans normaux qui les contiennent se couperont suivant une même droite.

Problème II. — *Une droite passant par le sommet du cône, trouver la synnormale conjuguée, et réciproquement, une droite étant donnée comme synnormale, trouver les six droites conjuguées.*

On peut considérer le cône donné comme ayant pour base une ellipse dont les axes sont $2a$ et $2b$, et pour sommet un point situé à une distance c de la base, sur l'axe de la surface qui passe par le centre de l'ellipse.

Si on veut trouver la synnormale conjuguée d'une droite passant par le sommet du cône, on prendra le point normal conjugué, par rapport à l'ellipse de base, du point où la droite donnée perce cette base ; on déterminera ensuite le point dont les coordonnées sont liées à celles du point normal par les équations (5) ; en joignant le dernier point obtenu au sommet du cône, on aura la synnormale demandée.

Réciproquement. Si on donne le pied (ξ, n, c) d'une synnormale sur la base, on substituera au pied donné le point (x, y, c) lié à lui par les équations (5) ; puis on prendra, par rapport à l'ellipse de base, les six points conjugués du point (x, y, c) considéré comme point normal : en joignant les six points au sommet du cône, on aura les six droites demandées.

Problème III. — *D'un point donné* (x_1, y_1, c_1) *mener les quatre normales au cône.*

On détermine, sur la base du cône, le point (ξ, η, c) où cette base est rencontrée par la droite qui joint le point donné au sommet du cône, puis le point (x, y, c) lié au point (ξ, η, c) par les équations (5).

Cela fait, du point (x, y, c) on mènera les quatre normales à l'ellipse de base et les génératrices passant par leurs pieds; alors la construction s'achèvera, en abaissant du point donné des perpendiculaires sur les quatre génératrices obtenues; la démonstration résulte évidemment du théorème IV.

Remarque. — Dans la construction précédente on pourra substituer au point (x, y, c) un point (x'_1, y'_1, c'_1) situé dans un même plan parallèle à la base avec le point x_1, y_1, c_1, et lié à ce dernier par les équations

$$x'_1 = \frac{-(b^2 + c^2)}{cc_1} x_1 \qquad y'_1 = \frac{-(a^2 + c^2)}{cc_1} y_1.$$

En effet, il est évident qu'on peut remplacer ce point (x, y, c) par le point (x', y', c'_1) qui en est la perspective sur le plan $z = c_1$.

Problème IV. — *Déterminer le nombre des normales réelles que l'on peut mener à un cône du second degré, d'un point donné* (x_1, y_1, c_1).

D'après ce qui précède, la question revient à trouver le nombre des normales réelles que l'on peut abaisser du point (x, y, c), (les notations sont les mêmes que tout à l'heure), sur l'ellipse

$$\frac{x^2}{a^2} + \frac{y^2}{b^2} = 1 ;$$

et l'on sait que, suivant que le point (x, y, c) est à l'intérieur, à l'extérieur, ou sur la circonférence de la développée de l'ellipse dont l'équation est

$$\left(\frac{ax}{a^2 - b^2}\right)^{\frac{2}{3}} + \left(\frac{by}{a^2 - b^2}\right)^{\frac{2}{3}} = 1,$$

on pourra mener du point donné quatre normales réelles, deux normales réelles et deux imaginaires, trois normales réelles, dont une double.

Mais si, dans l'équation précédente, on remplace x et y par les valeurs que donnent les équations (5), on a

$$(7) \qquad \left(\frac{a(b^2+c^2)}{c^2(a^2-b^2)}\xi\right)^{\frac{2}{3}} + \left(\frac{b(a^2+c^2)}{c^2(a^2-b^2)}\eta\right)^{\frac{2}{3}} = 1,$$

et de la position du point (ξ, η, c), par rapport à la courbe représentée par cette équation, on déduira le nombre des normales réelles.

Imaginons maintenant un cône ayant même sommet que le cône de second degré, et pour base la courbe représentée par l'équation (7) ; il est évident que, suivant que le point (ξ, η, c) sera à l'intérieur, à l'extérieur, ou sur la circonférence de la courbe (7), le point donné sera lui-même à l'intérieur, à l'extérieur ou sur la surface du nouveau cône.

On obtiendra évidemment l'équation de ce cône en remplaçant dans l'équation (7) $\frac{\xi}{c}$ et $\frac{\eta}{c}$ par $\frac{x}{z}$ et $\frac{y}{z}$; on a ainsi

$$(8) \qquad \left(a(b^2+c^2)x\right)^{\frac{2}{3}} + \left(b(a^2+c^2)y\right)^{\frac{2}{3}} - \left(c(a^2-b^2)z\right)^{\frac{2}{3}} = 0.$$

On peut maintenant énoncer le théorème suivant :

THÉORÈME V. — *Suivant qu'un point sera à l'intérieur, à l'extérieur, ou sur la surface du cône représenté par l'équation* (8), *on pourra du point donné mener au cône du second degré représenté par l'équation*

$$\frac{x^2}{a^2} + \frac{y^2}{b^2} - \frac{z^2}{c^2} = 0$$

quatre normales réelles, deux normales réelles et deux imaginaires, ou trois normales réelles dont l'une double.

Remarque. — Quand une normale à l'ellipse de base devient

double, il en est de même de la normale au cône correspondant ;
par conséquent, l'équation (8) est celle du lieu des extrémités des
rayons de plus petite courbure du cône donné : d'ailleurs, le lieu
des extrémités des rayons de plus grande courbure est à l'infini,
puisque la surface du cône est développable ; on peut donc dire
que le théorème V est analogue au théorème de Joachimstal pour
l'ellipsoïde.

On peut vérifier que l'équation (8) est bien le lieu des extrémités des rayons de courbure.

Si on désigne par x, y, z les coordonnées d'un point du lieu
par x' y' z', celles du point correspondant du cône, on sait (*)
qu'on a le lieu demandé en éliminant x', y', z' entre les équations

$$\frac{x'^2}{a^2} + \frac{y'^2}{b^2} - \frac{z'^2}{c^2} = 0$$

$$\frac{1}{a^4}\frac{x'^3}{x} + \frac{1}{b^4}\frac{y'^3}{y} + \frac{1}{c^4}\frac{z'^3}{z} = 0, \qquad \frac{1}{a^2}\frac{x'^3}{x} + \frac{1}{b^2}\frac{y'^3}{y} + \frac{1}{c^2}\frac{z'^3}{z} = 0.$$

L'élimination donne bien effectivement l'équation (8).

(*) Calcul différentiel de l'abbé Moigno, page 388.

CHAPITRE V.

SURFACE NORMOPOLAIRE DE L'ELLIPSOÏDE.

En prenant pour axes des coordonnées les axes mêmes de l'ellipsoïde, l'équation de la surface normopolaire est

$$(1) \qquad (a^2 - b^2)^2 (c^2 x^2 y^2 - a^2 b^2 z^2) + (a^2 - c^2)^2 (b^2 x^2 z^2 - a^2 c^2 y^2)$$
$$+ (b^2 - c^2)^2 (a^2 y^2 z^2 - b^2 c^2 x^2) = 0.$$

Elle montre immédiatement que l'origine est centre, et que les coordonnées sont des plans de symétrie de la surface.

Proposons-nous d'abord de construire la surface par points.

On tire de l'équation (1)

$$(2) \qquad z^2 = \frac{(b^2 - c^2)^2 b^2 c^2 x^2 + (a^2 - c^2)^2 a^2 c^2 y^2 - (a^2 - b^2)^2 c^2 x^2 y^2}{(b^2 - c^2)^2 a^2 y^2 + (a^2 - c^2)^2 b^2 x^2 - (a^2 - b^2)^2 a^2 b^2},$$

et en égalant séparément à 0 le numérateur et le dénominateur de la valeur de z^2, il vient

$$(3) \qquad \frac{(b^2 - c^2)^2}{(a^2 - b^2)^2} \frac{y^2}{b^2} + \frac{(a^2 - c^2)^2}{(a^2 - b^2)^2} \frac{x^2}{a^2} - 1 = 0,$$

$$(4) \qquad \frac{(b^2 - c^2)^2}{(a^2 - b^2)^2} \frac{b^2}{y^2} + \frac{(a^2 - c^2)^2}{(a^2 - b^2)^2} \frac{a^2}{x^2} - 1 = 0.$$

La première équation représente, dans le plan des xy, une ellipse, et la seconde qui se déduit de la première en y changeant $\frac{y}{b}$ et $\frac{x}{a}$ en $\frac{b}{y}$ et $\frac{a}{x}$, est une courbe à quatre branches infinies, ayant quatre asymptotes dont deux sont parallèles à l'axe des x et les deux autres à l'axe des y.

La seconde courbe est d'ailleurs évidemment la section de la surface par le plan des xy. On a représenté sur la figure (2) l'une de ses branches IK avec les deux asymptotes DE et CF.

AB est un quadrant d'ellipse, qui ne coupe pas la branche IK, car on a évidemment OC $>$ OA (on suppose, comme précédemment, $a > b > c$).

Cela posé, je prends un point quelconque P sur le plan des xy, dans l'intervalle compris entre l'ellipse et la courbe du quatrième ordre, et remplaçant dans l'équation (1) x et y par les coordonnées PQ et OQ du point P, on aura pour z une valeur réelle correspondante qu'on pourra construire.

La valeur de z sera, en effet, réelle ; car, en substituant dans les premiers membres des équations (3) et (4) à x et y les coordonnées du point P, on aura des résultats positifs.

On voit, d'ailleurs, qu'il n'en serait plus de même si on prenait autre part le point P.

Ainsi, on peut affirmer que toute la surface se projette entre les deux cylindres qui ont pour bases les courbes (3) et (4) et dont les génératrices sont parallèles à l'axe des z ; il est clair aussi qu'elle est asymptotique au premier cylindre, car en faisant z infini, l'équation de la surface se réduit à l'équation (3).

On peut considérer de même sur les deux autres plans coordonnés les courbes de section qui sont encore du quatrième ordre, et les ellipses qui leur sont associées.

Sur le plan des yz, l'ellipse est intérieure à la courbe du quatrième ordre, et on pourra construire la surface comme tout à l'heure, en prenant un point entre les deux courbes.

Sur le plan des xz, au contraire, l'ellipse et la courbe du quatrième ordre se coupent en huit points.

6

Dans la figure (3) on a représenté seulement un quadrant d'ellipse AC coupé par la branche GH de la seconde courbe.

Je vais démontrer qu'effectivement les deux courbes se coupent : ce résultat est très-important pour la suite de la discussion.

Posons, pour abréger,

$$\frac{a^2 - b^2}{a^2 - c^2} = m \qquad \frac{b^2 - c^2}{a^2 - c^2} = n.$$

On a à résoudre le système des deux équations

$$(5) \qquad \frac{m^2 x^2}{a^2} + \frac{n^2 z^2}{c^2} = 1 \qquad \frac{m^2 a^2}{x^2} + \frac{n^2 c^2}{z^2} = 1;$$

de la première, on tire

$$\frac{x^2}{a^2} = \frac{1 - \dfrac{n^2 z^2}{c^2}}{m^2}$$

et en substituant dans la seconde, il vient

$$(6) \qquad n^2 z^4 - c^2 (1 + n^4 - m^4) z^2 + c^4 n^2 = 0.$$

Les deux valeurs de z^2 sont toujours réelles, car pour la réalité on doit avoir

$$m^2 + n^2 < 1,$$

c'est-à-dire

$$a^2 + b^2 - 2 c^2 > a^2 - b^2,$$

ou

$$b > c.$$

Ces mêmes valeurs sont aussi positives, car les quantités c^4 et $\dfrac{c^2 (1 + n^4 - m^4)}{n^2}$ le sont elles-mêmes, et elles sont toutes deux plus petites que $\frac{c^2}{n^2}$, parce que la substitution de $\frac{c^2}{n^2}$ à z^2, dans l'équation (6) donne un résultat positif, et que les deux valeurs de z^2 ne peuvent être toutes deux plus grandes que $\frac{c^2}{n^2}$, leur produit étant c^4 plus petit que $\frac{c^4}{n^2}$.

Aux deux valeurs réelles de z^2, correspondent donc deux valeurs réelles de x^2, et les deux branches de courbe AB et GH se coupent en deux points E et F.

De là résulte cette conséquence remarquable : *que l'on peut tracer sur la surface huit droites parallèles à l'axe moyen de l'ellipsoïde.*

En effet, si dans l'équation (1) on égale à 0 le coefficient de y^2 et l'ensemble des termes indépendants de cette quantité, on trouve précisément les équations (5); par suite l'équation (1) est satisfaite, quel que soit z, pour tous les points des parallèles à l'axe des y, menées par E et F et les six points analogues.

Le même raisonnement montre que les courbes analogues à AC et GH, ne se coupant pas sur les deux autres plans principaux, on ne peut placer sur la surface aucune droite parallèle au plus grand ou au plus petit axe de l'ellipsoïde.

Nous avons déjà fait observer que l'équation (3) était celle d'un cylindre elliptique, asymptotique de la surface normopolaire ; on trouvera de même deux autres cylindres, asymptotiques de cette surface, qui seront représentés par les équations suivantes :

$$(7) \qquad \frac{(a^2-b^2)^2\, y^2}{(b^2-c^2)^2\, b^2} + \frac{(a^2-c^2)^2\, z^2}{(b^2-c^2)^2\, c^2} - 1 = 0;$$

$$(8) \qquad \frac{(a^2-b^2)^2\, x^2}{(a^2-c^2)^2\, a^2} + \frac{(b^2-c^2)^2\, z^2}{(a^2-c^2)^2\, c^2} - 1 = 0;$$

les trois cylindres joueront, comme nous allons le voir, le rôle principal dans la discussion qui va suivre.

Pour déterminer la forme de la surface, faisons des sections par des plans perpendiculaires à l'un des axes, l'axe des z par exemple.

En représentant l'un quelconque des plans sécants par l'équation

$$z = h,$$

il suffira de faire varier h depuis 0 jusqu'à l'infini, et de reproduire symétriquement, par rapport au plan des xy, la partie de la surface obtenue.

L'équation générale des sections est

$$(9) \qquad \frac{y^2}{b^2} = \frac{(a^2 - b^2)^2 a^2 h^2 + [c^2(b^2 - c^2)^2 - h^2(a^2 - c^2)^2] x^2}{(a^2 - b^2)^2 c^2 x^2 - a^2 [c^2(a^2 - c^2)^2 - h^2(b^2 - c^2)^2]}$$

posons

$$\frac{b^2 - c^2}{a^2 - c^2} c = h_1 \qquad \frac{a^2 - c^2}{b^2 - c^2} c = h_2,$$

on aura évidemment $h_1 < h_2$.

Donnons d'abord à h des valeurs plus petites que h_1 ; le numérateur du second membre de l'équation (9) ne pourra s'annuler pour aucune valeur de x ; mais le dénominateur deviendra nul quand on aura

$$(10) \qquad x = \pm \frac{a(b^2 - c^2)}{c(a^2 - b^2)} \sqrt{h_2{}^2 - h^2}$$

et à ces deux valeurs de x correspondront deux asymptotes parallèles à l'axe des y.

Pour $x = \pm \infty$, on trouvera

$$(11) \qquad y = \pm \frac{b(a^2 - c^2)}{c(a^2 - b^2)} \sqrt{h_1{}^2 - h^2}$$

Il y a donc aussi deux asymptotes parallèles à l'axe des x.

On voit que, tant que h est inférieur à h_1, la section a une forme analogue à celle de la courbe qu'on avait d'abord obtenue pour $h = 0$.

Lorsque h atteint h_1, les deux asymptotes parallèles à l'axe des y subsistent toujours; mais l'équation (11) se réduisant à $y = 0$, la section a dans le plan des zx une seule symptote parallèle à l'axe des x et qui est commune aux quatre branches.

On peut remarquer que les équations (10) et (11), quand on y remplace z par h et h_1, h_2 par leurs valeurs, deviennent, après avoir chassé les radicaux, identiques aux équations (7) et (8) : de là il faut évidemment conclure que les asymptotes des différentes sections perpendiculaires à l'axe des z sont les génératrices des deux cylindres (7) et (8).

Le plan sécant rencontre d'abord les deux cylindres, chacun suivant deux génératrices, et, par suite, la section a quatre asymptotes.

Lorsque le plan sécant est à une distance du plan des xy égale à h_1, il devient tangent au cylindre (7), tout en rencontrant l'autre suivant deux génératrices; c'est ainsi qu'on ne trouve plus pour les quatre branches de la section qu'une seule asymptote parallèle à l'axe des x ; tandis qu'il y a toujours deux asymptotes parallèles à l'axe des y.

On voit ici se confirmer ce résultat précédemment démontré, que les cylindres (7) et (8) sont asymptotiques de la surface.

On peut remarquer que la droite ($y = 0$, $z = h_1$), qui est déjà asymptote des quatre branches de la section faite par le plan $z = h_1$, est en même temps asymptote de deux des quatre branches de la section faite par le plan des xz.

Donnons maintenant à h des valeurs comprises entre h_1 et h_2; le numérateur et le dénominateur du second membre de l'équation (9) pourront alors s'annuler tous deux pour des valeurs que nous appellerons, pour abréger, x' et x''.

L'équation (9) pourra alors se mettre sous la forme

$$y^2 = k^2 \frac{x''^2 - x^2}{x^2 - x'^2},$$

en posant

$$\frac{(a^2 - c^2)^2 (h^2 - h_1^2)}{(a^2 - b^2)^2 c^2} = k^2,$$

la section aura toujours deux asymptotes parallèles à l'axe des y et dont les équations seront

$$x = \pm x', \quad y = \pm \infty,$$

et elle percera les plans des yz aux deux points

$$x = \pm x'', \quad y = 0, \quad z = h.$$

Je dis maintenant qu'on pourra avoir x' plus petit que x'', égal à x'', ou plus grand que x''.

En effet, si nous écrivons que les valeurs de x' et x'' sont égales, en posant toujours

$$\frac{a^2 - b^2}{a^2 - c^2} = m \qquad \frac{b^2 - c^2}{a^2 - c^2} = n,$$

il viendra

(12). $\qquad n^2 h^4 - c^2 (1 + n^4 - m^4) h^2 + c^4 n^2 = 0.$

Cette équation n'est autre chose que l'équation (6), où l'on a remplacé z par h.

Nous savons que ses deux racines que nous représenterons par h'^2 et h''^2, sont toutes deux réelles et plus grandes que $\dfrac{c^2}{n^2}$, c'est-à-dire que h_1^2.

Le même genre de démonstration fera voir qu'elles sont aussi plus petites que h_2^2.

Soit $h'^2 < h''^2$.

Si l'on donne à h des valeurs comprises entre h_1 et h', ou entre h'' et h_2, le premier membre de l'équation (12) sera positif, et comme ce premier membre, à un facteur positif près, représente $x''^2 - x'^2$, on aura $x' < x''$.

Ce sera le contraire pour les valeurs de h comprises entre h' et h''.

En résumé, lorsque h varie de h_1 à h_2, la section change deux fois de situation par rapport à ses asymptotes.

Elle est d'abord extérieure à ses deux asymptotes lorsque h varie entre h_1 et h', et il en est encore de même lorsque h varie entre h'' et h_2; mais dans l'intervalle intermédiaire, c'est-à-dire lorsque h varie entre h' et h'', la section est intérieure à ses deux asymptotes.

Quand on donne à h les valeurs particulières h' et h'', l'équation de la surface devient

$$(y^2 + k^2)\ (x^2 - x'^2) = 0,$$

ou

$$x = \pm x',$$

donc les quatre droites

$$x = \pm x' \qquad z = h',$$
$$x = \pm x' \qquad z = h'',$$

sont sur la surface.

En faisant varier h depuis 0 jusqu'à $-\infty$, on trouvera évidemment quatre autres droites parallèles à l'axe moyen de l'ellipsoïde, et qui sont, par rapport au plan des xy, les symétriques des quatre premières.

On obtient ainsi les huit droites que nous avons trouvées directement plus haut.

Si l'on donne maintenant à h la valeur h_2, y devient infini pour $x = 0$, et il n'y a plus qu'une seule asymptote, située dans le plan des xz.

Faisant enfin varier h depuis h_2 jusqu'à l'infini, y ne peut plus devenir infini, et l'on obtient pour section une courbe fermée, toujours extérieure au cylindre (3), et qui, à la dernière limite, devient égale à la base même de ce cylindre.

Ces derniers résultats sont une conséquence évidente de ce qui a été dit, en commençant, sur la construction de la surface par points.

On peut aussi se rendre compte des circonstances qui se sont présentées, lorsque h varie entre h_1 et h_2, par la considération du cylindre (8).

Il suffit, pour cela, de considérer la portion de surface comprise entre les plans $z = h_1$, $z = h_2$, comme engendrée par une courbe du quatrième ordre, variable de forme, s'appuyant sur la courbe GH (fig. 3) et la branche symétrique par rapport à oz, et ayant pour asymptotes les génératrices du cylindre (8) qui sont dans son plan.

Tant que la courbe du quatrième ordre n'a pas dépassé le point E, elle est extérieure à ses asymptotes, intérieure lorsqu'elle monte de E en F, et puis de nouveau extérieure lorsqu'elle dépasse le point F.

Lorsque le plan sécant passe par le point C, les deux asymptotes se réduisent à une seule droite située dans le plan des xz; et au delà, évidemment, on n'aura plus qu'une courbe fermée. La forme de la surface peut être maintenant considérée comme suffisamment connue. Il est inutile de faire des sections parallèles aux plans des xz et des yz; on ne ferait que retrouver ainsi, dans un autre ordre, les résultats déjà obtenus.

Du reste, on aurait pu encore abréger la discussion en remarquant, dès le début, que les asymptotes des sections sont toujours des génératrices des cylindres (7) et (8); alors, tous les résultats de la discussion minutieuse que nous avons faite eussent été immédiatement prévus.

On peut se représenter la surface normopolaire par l'image suivante :

Figurons-nous un corps formé par la réunion de trois cylindres elliptiques, dont les axes parallèles aux génératrices se coupent en un même point et à angle droit ; puis, supposons qu'à l'un d'eux on ait enlevé dans toute sa longueur quatre fragments, par des plans parallèles à son axe et symétriques deux à deux par rapport aux plans qui contiennent cet axe et l'un des deux autres.

La surface normopolaire pourra être considérée comme le vêtement, fait d'une seule pièce, du corps que nous venons de définir; le vêtement étant attaché au corps le long de huit droites parallèles.

Pour terminer, nous démontrerons le théorème suivant dont il a été fait précédemment usage :

Théorème. *La surface normopolaire de l'ellipsoïde est tout entière extérieure à cette dernière surface qu'elle touche seulement aux quatre ombilics.*

Si nous substituons dans l'expression

$$b^2 c^2 x^2 + a^2 c^2 y^2 + a^2 b^2 z^2 - a^2 b^2 c^2,$$

à z_2 la valeur que donne l'équation (2), nous aurons

$$(13)\frac{[(a^2 - c^2) b^2 x^2 + (b^2 - c^2) a^2 y^2 + a^2 b^2 (a^2 - b^2)]^2 - 4(a^2 - b^2)a^2 b^4 x^2}{(b^2 - c^2)^2 a^2 y^2 + (a^2 - c^2)^2 b^2 x^2 - (a^2 - b^2)^2 a^2 b^2};$$

mais le dénominateur de cette dernière fraction est essentiellement positif, comme nous l'avons vu, en construisant la surface normopolaire par points; il faut donc démontrer que le numérateur ne peut jamais être négatif.

En effet, en écrivant que le numérateur est positif, on a

$$(a^2 - c^2)b^2 x^2 + (b^2 - c^2)a^2 y^2 + a^2 b^2(a^2 - b^2) > \mp 2\sqrt{(a^2 - c^2)(a^2 - b^2)}ab^2 x$$

ou

$$(b^2 - c^2)a^2 y^2 + (\sqrt{a^2 - c^2}\, b\, x \pm ab\sqrt{a^2 - b^2})^2 > 0,$$

Cette dernière inégalité a lieu tant qu'on n'a pas

$$x = \pm a\sqrt{\frac{a^2 - b^2}{a^2 - c^2}}, \quad y = 0, \text{ et par suite, } z = \pm c\sqrt{\frac{b^2 - c^2}{a^2 - c^2}};$$

pour les quatre points représentés par les équations précédentes, le numérateur de la fraction (13) devient nul, et par conséquent ces quatre points, dans lesquels on reconnaît bien les ombilics de l'ellipsoïde, appartiennent à la surface normopolaire.

Tous les autres points de la surface normopolaire sont extérieurs à l'ellipsoïde, puisque, pour toute valeur de x et de y autre que celles qui appartiennent aux ombilics, l'inégalité précédente est toujours satisfaite.

EXERCICES.

(1). Démontrer qu'on ne peut placer sur la surface normopolaire de l'ellipsoïde aucune autre droite que celle que la discussion a fait connaître.

(2). Discuter les équations des surfaces normopolaires des deux hyperboloïdes.

(3). Démontrer qu'on ne peut placer aucune droite parallèle aux axes sur la surface normopolaire de l'hyperboloïde à une nappe.

(4). Démontrer que, sur la surface normopolaire de l'hyperboloïde à deux nappes, on peut toujours placer huit droites parallèles à l'un des axes.

(5). Discuter les équations des surfaces normopolaires des deux paraboloïdes.

NOTES

SUR

DIVERSES QUESTIONS D'ALGÈBRE

ET DE MÉCANIQUE.

SÉPARATION DES RACINES

D'UNE ÉQUATION ALGÉBRIQUE

PAR LA MÉTHODE DES DIFFÉRENCES.

I.

Le but de cet article est de montrer comment on peut rendre plus expéditive et plus sûre l'application de la méthode des différences au problème de la séparation des racines. Nous ne nous occuperons ici que des équations algébriques, et nous prendrons d'abord pour exemple l'équation

$$x^3 + 11\,x^2 - 102\,x + 181 = 0\,;$$

le tableau (A)

TABLEAU (A).

x	-18	-17		-1	0	1	2	3	4	5
y	-251	180	.....	293	181	91	29	1	13	71
Δ	430	352	.....	-112	-90	-62	-28	12	58	110
Δ_2	-80	-74	.....	22	28	34	40	46	52	58
Δ_3	6	6	.....	6	6	6	6	6	6	6

qui met sous les yeux du lecteur les premiers calculs relatifs à la séparation des racines de l'équation proposée, permettra de rappeler brièvement la marche ordinairement suivie. On sait qu'après avoir calculé une première ligne verticale contenant les nombres 293, — 112, 22, 6, on forme, vers la droite et vers la gauche du tableau, des lignes de nombres parallèles à la première et qui se déduisent chacune de la précédente. On arrête, d'ailleurs, le tableau vers la droite et vers la gauche, aux nombres 5 et — 18, à moins que la simple inspection de l'équation n'ait déjà donné des limites préférables ; 5 et — 18 sont, en effet, les limites respectives des racines positives et négatives de l'équation, puisque les colonnes verticales correspondant à $x = 3$ et $x = -18$, contiennent, la première, des nombres tous positifs, la seconde, des nombres alternativement positifs et négatifs (*).

Le tableau (A) étant formé, on en déduit un autre tableau (A′) correspondant à des valeurs de x équidistantes d'un dixième ; de celui-ci on en déduit un troisième, et ainsi de suite, jusqu'à ce que les racines soient entièrement séparées : telle est la méthode que l'on suit habituellement.

Une première simplification qu'on peut introduire dans la méthode consiste à remplacer du côté des x positifs le calcul des lignes verticales par le calcul des lignes obliques, comme l'indique le tableau (B) :

TABLEAU (B).

x	—1	0	1	2	3	4
y	293	181	91	29	1	13
Δ	—112	—90	—62	—28	12	
Δ_2	22	28	34	40		
Δ_3	6	6	6			

(*) Limite du programme officiel. — Autre limite non formulée dans le programme, mais qui se démontre de même.

Une première ligne oblique, formée des nombre 6, 22, — 90, 91, étant calculée à la manière ordinaire, on en déduit la ligne suivante qui contient les nombres 6, 28, — 62, 29, d'après les égalités

$$28 = 22 + 6; \quad 62 = 28 - 90; \quad 29 = 91 - 62;$$

et ainsi de suite.

Le tableau (B) étant construit, on en déduira un tableau (B') de nouvelles lignes obliques correspondant à des valeurs de x équidistantes d'un dixième ; du tableau (B') on déduira un tableau (B''), et ainsi toujours de même.

On voit, d'après le tableau (B) comparé au tableau (A), que l'on connaîtra maintenant le résultat de la substitution d'un nombre dans l'équation, par le calcul d'un moins grand nombre de différences, et l'on aura, d'ailleurs, l'avantage d'être conduit à une limite supérieure des racines positives de l'équation plus simple et plus avantageuse que la limite du programme.

Nous allons, en effet, démontrer tout à l'heure que les tableaux (B), (B'), etc., sont terminés dès que les nombres écrits dans une ligne oblique sont tous positifs. Ainsi, d'après cette règle, 4 est une limite supérieure des racines positives de l'équation proposée, tandis que nous avions trouvé 5 d'après l'ancienne règle.

L'avantage de la nouvelle limite sera, en général, d'autant plus marqué que l'équation sera d'un degré plus élevé. Si, par exemple, on applique la règle du programme à l'équation

$$x^5 - 10\,x^3 + 6\,x + 1 = 0,$$

dont Fourier s'est occupé, on trouve 8 pour limite supérieure des racines positives, tandis que la nouvelle règle conduit au nombre 4.

II.

Le théorème que nous proposons de démontrer est une conséquence immédiate de la formule

$$
(1)\left\{
\begin{aligned}
f(x) &= fa + \frac{x-a}{h}\Delta(a-h) + \frac{x-a}{h}\left(\frac{x-a}{h}+1\right)\frac{\Delta^2(a-2h)}{1.2} + \dots\\
&+ \frac{x-a}{h}\left(\frac{x-a}{h}+1\right)\dots\left(\frac{x-a}{h}+m-1\right)\frac{\Delta_m(a-mh)}{1.2.3\dots m},
\end{aligned}
\right.
$$

qui peut remplacer dans tous ses usages la formule ordinaire d'interpolation : elle diffère de cette dernière, comme on voit, par les coefficients des différences et par les différences elles-mêmes. Les différences ne sont plus relatives à une même valeur de la variable x, mais à des valeurs $a-h$, $a-2h \dots a-mh$, décroissant suivant la raison d'une progression arithmétique. Il est bien entendu, d'ailleurs, que $f(x)$ est un polynôme entier du degré m, et, par suite, que la différence $(m+1)^{ième}$ est nulle.

Démonstration de la formule (1). — Nous remarquons d'abord que, par la construction même du tableau (B), chacun des nombres d'une ligne oblique est la somme de tous les nombres de la ligne oblique précédente jusqu'au nombre de même rang que lui. Ainsi, par exemple, la ligne correspondante à $x=1$ ayant été calculée, on a chacun des nombres de la colonne suivante par les égalités

$$6=6, \quad 28=22+6, \quad -62=-90+22+6,$$
$$29=91-90+22+6.$$

On voit par là que chacune des lignes obliques se déduit de la précédente, comme une ligne horizontale du triangle de Pascal se déduit de celle qui la précède ; seulement les nombres de la première ligne oblique ne sont pas égaux à l'unité, comme les nombres de la première ligne horizontale du triangle arithmétique.

Mais si l'on écrit sur une première ligne horizontale $(m+1)$ nombres quelconques P, M, N,..., B, C, A, au-dessous une seconde ligne horizontale déduite de la première d'après la propriété caractéristique du triangle de Pascal que nous venons de rappeler, et ainsi de suite jusqu'à ce que l'on ait en tout $n+1$ colonnes horizontales, on formera un triangle tout à fait analogue au triangle arithmétique. On voit alors facilement que le $(m+1)^{ième}$ nombre de la $(n+1)^{ième}$ colonne horizontale du nouveau triangle s'obtiendra en multipliant les nombres de la $n^{ième}$ colonne du triangle ordinaire respectivement par A, B, C,..., M, N, P.

En appliquant cette remarque aux tableaux (B), (B'),..., on peut supposer que A, B, C,..., M, N, P représentent respectivement

$$f(a), \quad \Delta(a-h), \quad \Delta_2(a-2h), \ldots, \quad \Delta_m(a-mh),$$

c'est-à-dire les nombres de la ligne oblique correspondant à $x = a$, dans celui des tableaux (B), (B'),..., pour lequel l'intervalle des valeurs de x est égal à h.

Le $(m+1)^{ième}$ nombre de la $(n+1)^{ième}$ colonne oblique est d'ailleurs $f(a+nh)$; on aura donc la formule

$$f(a+nh) = f(a) + n\Delta(a-h) + \frac{n(n+1)}{1.2}\Delta_2(a-2h) + \ldots$$

$$+ \frac{n(n+1)(n+2)\ldots(n+m-1)}{1.2.3\ldots m}\Delta_m(a-mh);$$

et si l'on pose

$$a + nh = x,$$

d'où

$$n = \frac{x-a}{h},$$

la formule devient

$$f(x) = f(a) + \left(\frac{x-a}{h}\right)\Delta(a-h) + \frac{x-a}{h}\left(\frac{x-a}{h}+1\right)\frac{\Delta_2(a-2h)}{1.2} + \dots$$

$$+ \frac{(x-a)}{h}\left(\frac{x-a}{h}+1\right)\dots\left(\frac{x-a}{h}+m-1\right)\frac{\Delta_m(a-mh)}{1.2.3\dots m},$$

et l'on voit facilement que si l'on y fait successivement

$$x = a, \quad x = a + h, \dots, \quad x = a + mh,$$

la fonction $f(x)$ prend, en effet, les valeurs correspondantes qu'elle doit avoir. Le second membre de la formule précédente étant égal au polynôme $f(x)$ pour $(m+1)$ valeurs de x, lui est complétement identique, la formule d'interpolation (1) est donc démontrée.

Si maintenant, pour une certaine valeur $x = a$, les nombres

$$f(a), \quad \Delta(a-2h), \quad \Delta_2(a-2h), \dots, \quad \Delta_m(a-mh),$$

c'est-à-dire les nombres d'une ligne oblique, sont des nombres positifs, la formule d'interpolation (1) prouve que pour toute valeur de x égale ou supérieure à a, $f(x)$ restera toujours positive ; a est donc une limite supérieure des racines positives de l'équation.

III.

Il faut maintenant montrer comment le tableau que nous avons appelé (B') se déduit du tableau (B).

La question revient à trouver les équations qui lient les δ et Δ des lignes obliques correspondant respectivement aux intervalles h et 1.

M. Vieille (*) a trouvé les équations qui lient les δ et Δ des lignes verticales en égalant les coefficients des mêmes puissances de X dans les deux développements identiques

$$f(a+X)=f(a)+X\frac{\delta}{h}+\frac{X}{h}\left(\frac{X}{h}-1\right)\frac{\delta_2}{1.2}$$

$$+\frac{X}{h}\left(\frac{X}{h}-1\right)\left(\frac{X}{h}-2\right)\frac{\delta_3}{1\;2\;3}+\dots;$$

$$f(a+X)=f(a)+X\Delta+X(X-1)\frac{\Delta_2}{1.2}$$

$$+X(X-1)(X-2)\frac{\Delta_3}{1.2.3}+\dots;$$

mais si nous posons $x-a=X$ dans la nouvelle formule d'interpolation, il viendra

$$f(a+X)=f(a)+X\frac{\delta}{h}+\frac{X}{h}\left(\frac{X}{h}+1\right)\frac{\delta_2}{1.2}$$

$$+\frac{X}{h}\left(\frac{X}{h}+1\right)\left(\frac{X}{h}+2\right)\frac{\delta_3}{1.2.3},$$

si, de plus, on fait $h=1$, on aura

$$f(a+X)=f(a)+X\Delta+X(X+1)\frac{\Delta_2}{1.2}$$

$$+X(X+1)(X+2)\frac{\Delta_3}{1.2.3}+\dots$$

(Pour plus de simplicité dans l'écriture, nous avons supprimé

(*) *Nouvelles Annales*, t. X.

les indices $(a - h)$, $(a - 2h)$,..., dans les deux derniers développements.)

La méthode de M. Vieille donnera encore les équations entre les nouveaux δ et Δ par l'identification des coefficients des mêmes puissances de x dans les deux derniers développements ; mais on remarque que ces deux derniers développements se déduisent des deux précédents par le changement de X en — X, et par le changement de signe des δ et Δ d'indice impair. On voit ainsi que les premières relations entre les δ et Δ donneront immédiatement les secondes par le simple changement de signe des coefficients des δ et Δ dont l'indice est impair ; il est dès lors permis de dire que la méthode proposée ne conduit à aucun calcul nouveau, les nouvelles équations étant connues par cela même que les autres le sont, et réciproquement.

<hr />

IV.

Nous allons maintenant donner une règle pratique très-commode pour écrire immédiatement les équations qui lient δ et Δ des lignes obliques.

Supposons, pour fixer les idées, qu'il s'agisse de séparer les racines d'une équation du quatrième degré.

Les quatre équations seront

$$(\alpha) \quad \begin{cases} \dfrac{\delta}{1} + \dfrac{\delta_2}{2} + \dfrac{\delta_3}{3} + \dfrac{\delta_4}{4} = h \left(\dfrac{\Delta}{1} + \dfrac{\Delta_2}{2} + \dfrac{\Delta_3}{3} + \dfrac{\Delta_4}{4} \right), \\[2ex] \delta_2 + \delta_2 + \dfrac{11}{12} \delta_4 = h^2 \left(\Delta_2 + \Delta_3 + \dfrac{11}{12} \Delta_4 \right), \\[2ex] \delta_3 + \dfrac{3}{2} \delta_4 = h^3 \left(\Delta_3 + \dfrac{3}{2} \Delta_4 \right), \\[2ex] \delta_4 = h^4 \Delta_4. \end{cases}$$

Le premier membre de la première équation s'obtient en divisant δ, δ_2, δ_3, δ_4 respectivement par leurs indices, et faisant la somme des quotients.

Pour avoir le premier membre de la seconde équation, on fait une opération analogue à celle de la multiplication abrégée des nombres; on multiplie

$$\frac{\delta}{1}+\frac{\delta_2}{2}+\frac{\delta_3}{3}+\frac{\delta_4}{4}$$

par

$$\frac{\delta}{3}+\frac{\delta_2}{2}+\frac{\delta}{1},$$

en commençant chaque produit partiel au terme du multiplicande qui est au-dessus du terme du multiplicateur. On ajoute, d'ailleurs, les indices comme s'ils représentaient des exposants. Le calcul est indiqué ci-dessous :

$$\delta_2+\frac{1}{2}\bigg| \; \delta_3+\frac{1}{3}\bigg| \; \delta_4;$$
$$+\frac{1}{2}\bigg| \quad +\frac{1}{4}\bigg|$$
$$\quad\quad +\frac{1}{3}\bigg|$$
$$\delta_2+\delta_3+\frac{11}{12}\,\delta_4;$$

pour avoir le premier membre de la troisième équation, on multiplie, suivant la règle précédente,

$$\delta_2+\delta_3+\frac{11}{12}\,\delta_4$$

par

$$\frac{\delta_2}{2}+\frac{\delta}{1};$$

et ainsi de suite.

Les équations (α) montrent, d'ailleurs, comment on peut écrire immédiatement les seconds membres quand les premiers sont calculés.

Les équations entre les δ et Δ des lignes verticales s'obtiendraient par un procédé analogue, ou, si les équations (α) étaient déjà formées, on les en déduirait par la règle que nous avons précédemment donnée.

La règle pratique que nous venons d'indiquer est la conséquence immédiate de la formule symbolique

$$(2) \qquad h^n f^n(x) = [- l(1 - \Delta)]^n,$$

dans laquelle $f_n(x)$ est la $n^{iéme}$ dérivée d'une fonction quelconque de x, et l la lettre qui indique un logarithme népérien. Après avoir développé la $n^{iéme}$ puissance du logarithme népérien de $(1 - \Delta)$, et remplacé les exposants par des indices, on a une formule qui fait connaître les dérivées de la fonction au moyen des différences des lignes obliques.

La formule s'applique en particulier aux fonctions algébriques, en considérant comme nulles les différences d'indice supérieur au degré m de la fonction. Elle est analogue à la formule connue de Lagrange

$$h^n f^n(x) = [l(1 + \Delta)]^n,$$

dans laquelle les Δ sont les différences des lignes verticales, et elle se démontre d'une manière à peu près semblable.

Remarquons en passant que la formule (2) donne une nouvelle démonstration du théorème de limite démontré au § II, si l'on s'appuie sur le théorème de Newton, relatif à la limite des racines d'une équation algébrique.

En effet, si pour un nombre a tous les nombres d'une ligne oblique sont positifs, le second membre de l'équation (2), quand on y substitue ces nombres, est positif aussi et, par suite, le premier membre. La substitution de a rendant alors positives la fonction et toutes ses dérivées, d'après le théorème de Newton, a est une limite supérieure des racines de l'équation.

V.

Ordinairement, après avoir trouvé les équations entre les δ et les Δ, on les résout par rapport à δ, δ_2, δ_3,..., et c'est sous la nouvelle forme qu'on les applique; mais si l'on remarque que les équations (α), telles qu'on les a trouvées d'abord, sont toutes préparées pour le calcul, puisque la dernière ne contient que δ_4, l'avant-dernière δ_3 et δ_4, et ainsi de suite, on voit que la substitution d'une forme à l'autre ne présente guère d'avantage; mais je dis qu'il importe, au contraire, de conserver aux équations leur forme primitive.

En effet, la formule

$$f(a+\mathrm{X}) = f(a) + f'(a)\frac{\mathrm{X}}{1} + f''a\frac{\mathrm{X}^2}{1.2} + \dots,$$

démontrée dans les cours d'algèbre, étant rapprochée de l'une quelconque des quatres formules d'interpolation écrites au § III, montre que les derniers membres des équations tels que (α) sont, pour une valeur $x = a$, de même signe respectivement que $f(a)$, $f'(a)$,..., $f^m(a)$. Mais d'après le théorème de Fourier, les deux successions de signes que présente la suite des fonctions $f(x)$, $f'(x)$, $f''(x)$,..., pour deux nombres a et b, donnent une limite supérieure du nombre des racines de l'équation comprises entre a et b; on devra donc, pour procéder régulièrement à la séparation des racines, voir quels sont les signes des seconds membres des équations tels que (α), le théorème de Fourier pourra alors indiquer des intervalles où il est inutile de chercher des racines, et le calcul se trouvera abrégé de beaucoup.

Lorsque, par la considération directe de l'équation ou la discussion du problème qui y a conduit, on saura que l'équation a toutes ses racines réelles et inégales, ou que, du moins, ce qui arrive le plus souvent, on connaîtra leur nombre, on sera conduit sûrement à la séparation des racines.

Depuis que cet article a paru (*Nouvelles Annales* 1854), on a déduit la formule (1) de la formule ordinaire d'interpolation. On peut aussi la considérer comme cas particulier d'une formule plus générale que Laplace donne dans son *Calcul des Probabilités*.

Mais la formule (1) comme la formule ordinaire ont leur véritable origine dans le *triangle arithmétique de Pascal*, qu'on aurait pu conserver dans les programmes comme l'introduction naturelle au calcul des différences.

SUR LA DÉTERMINATION

DES MAXIMUMS ET MINIMUMS

ET LEUR EMPLOI

DANS LA DISCUSSION DES PROBLÈMES

———

MÉTHODE DE DISCUSSION

SUR LA DÉTERMINATION

DES MAXIMUMS ET MINIMUMS

ET LEUR EMPLOI

DANS LA DISCUSSION DES PROBLÈMES

MÉTHODE DE DISCUSSION

I.

Quand on veut résoudre les problèmes de maximum ou de minimum par la méthode élémentaire, ou à l'aide des dérivées, on doit souvent satisfaire à certaines conditions d'inégalité implicitement contenues dans l'énoncé.

Ces conditions sont souvent mises en oubli dans des ouvrages très-estimables, et la principale difficulté de la question se trouve ainsi laissée de côté ; je citerai, par exemple, le problème suivant :

Trouver sur la ligne des centres de deux sphères extérieures l'une à l'autre un point tel que la somme des zones vues de ce point soit maximum.

En désignant par r et r' les rayons des deux sphères, par d, la distance de leurs centres, par x, celle du point de vue au centre de la sphère de rayon r, on donne comme formule du problème

$$x = \frac{d\sqrt{r^3}}{\sqrt{r^3} + \sqrt{r'^3}} ;$$

mais cette formule n'est pas toujours applicable, comme va nous le montrer une discussion détaillée et complète du problème.

On trouve d'abord pour expression de la somme des deux zones

$$2\,\pi\left(r^2 + r'^2 - \frac{r^3}{x} - \frac{r'^3}{d-x}\right)$$ et le maximum demandé revient au minimum de l'expression

$$\frac{r^3}{x} + \frac{r'^3}{d-x} = \frac{r^3 d - (r^3 - r'^3)\,x}{dx - x^2},$$

soit $r > r'$, en posant $\dfrac{r^3 d}{r^3 - r'^3} = a$; l'expression peut s'écrire :

$$\frac{(r^3 - r'^3)\,(a-x)}{dx - x^2}.$$

Par la division on a

$$\frac{dx - x^2}{a-x} = 2\,a - d - \left(a - x + \frac{a\,(a-d)}{a-x}\right)$$

et l'on est ramené à trouver le minimum de l'expression

$$a - x + \frac{a\,(a-d)}{a-x},$$

c'est-à-dire de la somme de deux quantités dont le produit est constant.

Le minimum a lieu, comme on sait, quand les deux parties de la somme sont égales, si toutefois cette égalité peut avoir lieu dans la question.

En égalant entre elles les deux parties de la somme, on trouve ici

$$x = a - \sqrt{a\,(d-a)},$$

(on n'a pris que l'un des signes du radical, parce que l'on doit avoir $x < a$.)

Puis, remplaçant a par sa valeur, il vient

(1)
$$x = \frac{d\sqrt{r'^3}}{\sqrt{r^3} + \sqrt{r'^3}}.$$

Cette valeur de x n'est pas immédiatement acceptable; d'après la nature de la question, pour qu'elle soit bonne, elle doit être plus grande que r et plus petite que $d - r'$.

En écrivant ces deux conditions, on trouve

$$d > r + r'\sqrt{\frac{r}{r'}} \quad \text{et} \quad d > r' + r\sqrt{\frac{r}{r'}},$$

les deux sphères étant extérieures l'une à l'autre, d est plus grand que $r + r'$ et, par suite, la première inégalité a toujours lieu; mais il n'en est pas de même de la seconde, qui exprime alors une condition nécessaire et suffisante pour que la formule (1) donne la solution du problème.

Supposons maintenant qu'on ait $d < r' + r\sqrt{\frac{r}{r'}}$, et proposons-nous de traiter la question dans ce cas.

L'identité

$$(x + y)^2 = (x - y)^2 + 4xy,$$

montre que le maximum ou le minimum de la somme de deux quantités x et y dont le produit est constant, a lieu en même temps que le maximum ou le minimum de la différence des mêmes quantités.

D'après cela, il faut trouver ici le maximum et le minimum de la différence des deux quantités $a - x$ et $\frac{a(a-d)}{a-x}$, mais il faut savoir quelle est la plus grande des deux; je dis que c'est $a - x$.

En effet, si le contraire avait lieu, on aurait x plus grand que $a - \sqrt{a(a-d)}$, or; dans l'hypothèse actuelle, où d est plus petit que $r' + r \sqrt{\dfrac{r}{r'}}$, on a $a - \sqrt{a(a-d)}$ plus grand que $d - r'$, et par suite x serait plus grand que cette dernière quantité, ce qui ne peut avoir lieu.

Maintenant il est évident que la différence $a - x - \dfrac{a(a-d)}{a-x}$ va constamment en décroissant, lorsque x varie de r à $d - r'$; donc dans les mêmes circonstances, la somme des zones croît et atteint sa valeur maximum, lorsque le point de vue est placé à l'extrémité du rayon de la plus petite sphère.

Dans le cas qu'on a d'abord considéré, la quantité $a - x$ est plus grande que $\dfrac{a(a-d)}{a-x}$ tant que x n'atteint pas la valeur donnée par l'équation (1), et plus petite, dès que cette valeur est dépassée.

En raisonnant comme tout à l'heure, on voit que la somme des deux zones, lorsque le point de vue se déplace depuis l'extrémité du plus petit rayon jusqu'à celle du plus grand, va d'abord en augmentant jusqu'à son maximum, puis toujours en diminuant.

La dernière valeur de la somme est d'ailleurs plus grande que la première.

II.

Si l'on s'était proposé de trouver sur la ligne des centres de deux sphères un point situé entre elles et d'où l'on vît deux zones dont la somme fût donnée, on aurait trouvé les maximums et minimums précédents comme un détail de la discussion du nouveau problème.

C'est par cette méthode qu'on apprend à trouver les maximums et minimums dans les cours élémentaires.

Mais, quand on a trouvé directement les maximums et minimums d'une fonction, on peut immédiatement et sans nouveaux calculs donner la discussion complète du problème qu'on a substitué à la question de maximum ou de minimum.

Revenons à notre exemple et supposons d'abord que d soit plus grand que $r' + r\sqrt{\dfrac{r}{r'}}$.

Soit déterminé sur la ligne des centres des deux sphères un point tel que la somme des deux zones qui lui correspondent soit égale à la valeur que prend cette somme lorsque le point de vue est à l'extrémité du rayon de la plus petite sphère ; la distance x du point cherché au centre de la plus grande sphère sera donnée par l'équation

$$\frac{r^3}{x} + \frac{r'^3}{d-x} = \frac{r^3}{d-r'} + r'^2,$$

où

$$\frac{r^3(d-r'-x)}{x(d-r')} = \frac{r^2(d-r'-x)}{d-x},$$

supprimant le facteur $d-r'-x$, on trouve

$$x = \frac{r^3 d}{dr'^2 + r^3 - r'^3}.$$

Soient A, A' les points où la ligne des centres coupe la plus grande et la plus petite sphère, A″ le point déterminé par l'équation précédente et A‴ le point donné par la formule (1). Soient aussi y, y', y'', y''', les valeurs faciles à calculer de la somme des deux zones aux quatre points A, A', A″, A‴.

On voit facilement, et pour cela on pourra s'aider de la construction d'une courbe, que si la somme des deux zones varie entre y''' et y' ou y'', le problème a deux solutions, une seule, lorsque la somme est comprise entre y et y'', et aucune, lorsqu'elle est plus petite que y ou plus grande que y'''.

Dans le second cas, lorsque d est plus petit que $r' + r \sqrt{\dfrac{r}{r'}}$ la discussion est beaucoup plus simple, car la somme allant toujours en augmentant depuis y jusqu'à y', le problème ne pourra jamais avoir qu'une solution, et il faudra, pour qu'il en soit ainsi, que la somme des zones soit comprise entre y et y'.

III.

Il est bon que les élèves, avant d'étudier la marche d'une fonction à l'aide de sa dérivée ou par quelque autre procédé de calcul, puissent faire la même étude sur des exemples convenablement choisis, par de simples considérations de géométrie infinitésimale. La plupart des questions données dans les cours peuvent être traitées de cette manière; et il y a intérêt à ce que l'algèbre et la géométrie se prêtent ainsi un mutuel appui.

Je prendrai l'exemple suivant :

Dans un triangle BAC, *l'un des côtés* b *est constant, tandis que les deux autres, l'hypothénuse* a *et le second côté de l'angle droit* c *prennent toutes les valeurs possibles, on demande d'étudier les variations de grandeur de l'expression* ma — nc, *dans laquelle* m *et* n *représentent des nombres positifs quelconques.*

Voyons d'abord si l'expression commence par croître ou décroître.

Le sommet B étant supposé très-près du point A, du sommet C comme centre avec un rayon CA, décrivons une circonférence qui coupe l'hypothénuse au point D ; à cause de la propriété de la sécante au cercle, on a

$$AB^2 = (2CD + BD) \times BD, \quad \text{ou} \quad \frac{AB}{BD} = \frac{2CD + BD}{AB}.$$

et par suite

$$\lim \frac{n\,\mathrm{AB}}{m\,\mathrm{DB}} = \lim \frac{2\,n\,\mathrm{AC}}{m\,\mathrm{AB}} = \infty,$$

lorsque le point B s'approche indéfiniment du sommet A.

Donc, au début de la marche de la fonction, la diminution de la quantité $ma - nc$ qui est représentée par $n\mathrm{AB}$ l'emporte sur l'augmentation $m\mathrm{DB}$, et la fonction commence par décroître.

Cherchons maintenant l'autre valeur extrême, c'est-à-dire ce que devient $ma - nc$ lorsque a et c sont tous deux infinis.

On peut écrire : $ma\left(1 - \dfrac{nc}{ma}\right)$, et comme $\dfrac{c}{a}$ a pour limite l'unité, on trouve pour a et c infinis, $ma\left(1 - \dfrac{n}{m}\right)$, c'est-à-dire, en exceptant le cas ou $\dfrac{m}{n}$ est égal à 1, l'infini positif ou négatif, suivant que $\dfrac{n}{m}$ est plus petit ou plus grand que l'unité.

Dans le cas $\dfrac{n}{m} = 1$, on voit facilement que l'expression tend vers zéro.

Pour étudier maintenant la marche de la fonction entre ses valeurs extrêmes, considérons trois cas.

Premier cas, $m > n$. — La fonction commence par décroître, reste toujours positive et finit par devenir infinie, elle passe donc par un minimum qu'on peut se proposer de déterminer.

Pour, cela remarquons que tant que la diminution, comme au début, l'emporte sur l'augmentation, il y a décroissance, et que, dans le cas contraire, la fonction est croissante ; l'instant précis du minimum a donc lieu lorsque l'augmentation ou la diminution infiniment petites sont égales, ou, pour parler plus exactement, lorsque la limite de ces quantités décroissant indéfiniment est égale à l'unité.

C'est par cette dernière considération que nous allons déterminer le minimum.

Supposons que le sommet mobile B soit placé en B_1, à l'instant du minimum, et soit B_2 une position infiniment voisine : décrivant du point C, comme centre, avec le rayon CB_1, une circonférence qui coupe CB_2 au point D_2, d'après la propriété de la sécante au cercle, on aura

$$\frac{B_1 B_2}{B_2 D_2} = \frac{2\,CD_2 + B_2 D_2}{2\,AB_1 + B_1 B_2},$$

et en passant à la limite

$$\lim \frac{B_1 B_2}{B_2 D_2} = \frac{CB_1}{AB_1};$$

mais la condition du minimum étant

$$\lim \frac{n\,B_1 B_2}{m\,B_2 D_2} = 1,$$

on a

(1) $$\frac{CB_1}{AB_1} = \frac{m}{n},$$

cette équation détermine toujours un point B_1, lorsqu'on a, comme nous l'avons supposé, $m > n$, et ce point est facile à construire.

Deuxième cas, $m < n$. — La fonction commence par décroître, n'a pas de minimum, puisque l'équation (1) suppose m plus grand que n, et elle finit par devenir égale à $-\infty$. Il y aura alors un certain triangle facile à déterminer pour lequel la fonction $ma - nc$ sera égale à zéro.

Troisième cas, $m = n$. — La fonction dans ce cas décroît jusqu'à zéro qui est sa valeur minimum.

On pourra maintenant discuter sans peine, par la méthode que nous avons indiquée, le problème dans lequel on se donnerait une valeur de la différence $ma - nc$.

IV.

1. Le problème résolu dans les deux premiers paragraphes a été ramené à la discussion d'une fonction qui représente la différence de deux quantités variables dont le produit est constant.

Il en sera de même toutes les fois qu'on aura à discuter une fraction dont les deux termes seront des trinomes entiers du second degré par rapport à la variable indépendante. Pour cela, on effectuera d'abord la division des deux trinomes l'un par l'autre, puis celle du trinome diviseur par le reste obtenu dans la première division, et on transformera la dernière expression obtenue comme il a été fait pour le premier problème.

2. Quant au second problème, on y ramènera facilement celui de l'alvéole des abeilles (*), le problème de la réfraction posé comme il l'a été par Fermat (**), et en général tout problème où la fonction y est liée à une variable indépendante x par l'équation générale du second degré

$$ax^2 + bxy + cy^2 + dx + ey + f = 0,$$

sous la condition

$$b^2 - 4ac > 0.$$

3. Si dans un triangle rectangle l'hypothénuse a est constante et les deux côtés de l'angle droit b et c variables, l'expression $mb + nc$ pourra aussi être étudiée par des considérations géométriques très-simples. En particulier, on verra qu'elle passe par un maximum lorsque $\dfrac{b}{c} = \dfrac{m}{n}$.

Il sera, d'ailleurs, facile de ramener à la discussion de l'expression précédente tout problème ou la variable x et la fonction y

---

(*) Briot : *Algèbre*, page 212.
(**) Paul Serret : *Des Méthodes en géométrie*, page 114.

seront liées par l'équation générale du second degré écrite plus haut, avec la condition

$$b^2 - 4ac < 0.$$

MÉTHODE ÉLÉMENTAIRE POUR LA DISCUSSION DES PROBLÈMES.

On a donné dans les paragraphes précédents des méthodes simples pour trouver certains maximums et minimums, et on a vu comment leur détermination préalable facilitait la discussion des problèmes.

Nous allons maintenant discuter directement deux problèmes par la méthode élémentaire ordinairement en usage, mais en introduisant dans l'emploi de cette méthode quelques simplifications de détail.

Les deux problèmes sont tirés de la correspondance de Pascal et Fermat.

Problème de Pascal. — *Résoudre un triangle* ABC, *connaissant la base* a, *l'angle opposé* A *et le rapport de la différence* b — c *des deux autres côtés à la hauteur* h.

On a

$$b - c = \frac{a \sin \dfrac{B - C}{2}}{\cos \dfrac{A}{2}}, \qquad h = \frac{a \sin B \sin C}{\sin A},$$

et en posant

$$\frac{b - c}{h} = m,$$

on trouve l'équation

(1) $m \sin^2\dfrac{B-C}{2} + 2\sin\dfrac{A}{2}\sin\dfrac{B-C}{2} - m\cos^2\dfrac{A}{2} = 0,$

cette équation a deux racines toujours réelles, l'une positive et l'autre négative qui doit être rejetée.

Pour que la racine positive soit admissible, elle doit être plus petite que l'unité, elle doit aussi être plus petite que $\cos\dfrac{A}{2}$, car on a évidemment $\sin\dfrac{B-C}{2}$ plus petit que $\sin\dfrac{B+C}{2}$ ou $\cos\dfrac{A}{2}$.

La dernière condition entraîne évidemment la première, et elle est suffisante, car une fois qu'elle est remplie, connaissant $\dfrac{B-C}{2}$ d'après l'équation (1), et $\dfrac{B+C}{2}$ dont la valeur est égale à $90° - \dfrac{A}{2}$, on pourra déterminer B et C, et par suite connaître le triangle ABC.

Pour exprimer que la racine positive de l'équation (1) est plus petite que $\cos\dfrac{A}{2}$, il suffira d'écrire que la substitution de $\cos\dfrac{A}{2}$ à $\sin\dfrac{B-C}{2}$ dans l'équation donne un résultat positif; en effet, l'une des racines étant négative, toutes deux ne peuvent pas être plus grandes que $\cos\dfrac{A}{2}$.

La substitution donnant le résultat toujours positif $\sin A$, on en conclut que la valeur positive de $\sin\dfrac{B-C}{2}$ est toujours plus petite que $\cos\dfrac{A}{2}$, et par conséquent que le problème n'a qu'une solution et qu'il est toujours possible.

Si nous n'avions pas voulu donner un exemple de la discussion d'un problème par l'algèbre, nous serions arrivé immédiatement à la dernière conclusion, en remarquant que, dans les triangles où un côté a et l'angle opposé A sont constants, le rapport m prend toutes les valeurs entre zéro et l'infini.

Problème de Fermat. — *Résoudre un triangle* ABC, *connaissant la base* a, *l'angle opposé* A, *et la somme* d *de la hauteur* h *et de la différence* b — c *des deux autres côtés.*

On a

$$\frac{\sin\dfrac{B-C}{2}}{\cos\dfrac{A}{2}}+\frac{\sin B \sin C}{\sin A}=\frac{d}{a},$$

où

$$(1)\quad a\sin^2\frac{B-C}{2}-2a\sin\frac{A}{2}\sin\frac{B-C}{2}+d\sin A-a\cos^2\frac{A}{2}=0,$$

d'où l'on tire

$$\sin\frac{B-C}{2}=\frac{a\sin\dfrac{A}{2}\pm\sqrt{a^2-ad\sin A}}{a},$$

et en posant

$$\cos\varphi=\frac{d\sin A}{a},$$

il viendra

$$\sin\frac{B-C}{2}=\sin\frac{A}{2}\pm\sin\varphi=2\sin\left(\frac{A}{4}\pm\frac{\varphi}{2}\right)\cos\left(\frac{A}{4}\mp\frac{\varphi}{2}\right),$$

et on aura l'angle $\dfrac{B-C}{2}$ par une formule calculable par logarithmes : on achèvera ensuite le calcul comme dans le problème précédent.

DISCUSSION.

Analyse. — Il est évident que le problème a au plus deux solutions, et pour qu'elles existent, il faut et il suffit que les deux valeurs de $\sin \dfrac{B-C}{2}$ soient réelles, positives et plus petites que $\cos \dfrac{A}{2}$.

La condition de réalité est $d < \dfrac{a}{\sin A}$ et cette condition étant remplie, pour que les deux racines de l'équation (1) soient positives, il est nécessaire et suffisant que le dernier terme de l'équation (1) soit positif et le second négatif.

On trouve ainsi

$$ d > \frac{a \cos^2 \dfrac{A}{2}}{\sin A}. $$

Maintenant, pour exprimer que les deux valeurs positives de $\sin \dfrac{B-C}{2}$ sont plus petites que $\cos \dfrac{A}{2}$, on écrira que la substitution de $\cos \dfrac{A}{2}$ à $\sin \dfrac{B-C}{2}$ dans l'équation (1) donne un résultat positif. On obtient ainsi la condition $d > a$, mais cela n'est pas suffisant, il faut encore que les deux racines de l'équation (1) ne soient pas toutes deux plus grandes que $\cos \dfrac{A}{2}$.

Il en sera évidemment ainsi, la condition $d > a$ étant satisfaite, si la somme des racines $2 \sin \dfrac{A}{2}$ est plus petite que $2 \cos \dfrac{A}{2}$, c'est-à-dire si l'angle A est aigu.

Donc, en résumé, le problème aura deux solutions, quand l'angle A sera aigu et que d sera compris entre la plus grande des deux quantités a, $\dfrac{a \cos^2 \dfrac{A}{2}}{\sin A}$, et la quantité $\dfrac{a}{\sin A}$.

Les deux expressions $\dfrac{a}{\sin A}$ et $\dfrac{a\cos^2\dfrac{A}{2}}{\sin A}$ ont une signification géométrique très-simple ; elles représentent, la première, le diamètre $2r$, la seconde, la flèche f de l'arc capable de l'angle A qui a pour corde a.

Comme on doit tenir compte, dans la discussion, de l'ordre de grandeur de a et f, on est amené à se demander quelle est la valeur particulière de A pour laquelle la corde d'un arc A est égale à sa flèche ; on trouve que cet angle, dont la tangente est $\dfrac{4}{3}$, est égal à $53° \, 7' \, 48'',3$. Nous le désignerons par A_1.

On pourrait maintenant chercher quelles conditions doivent être remplies pour que le problème n'ait qu'une solution ou soit impossible ; mais il est préférable de présenter immédiatement les résultats de la discussion sous forme synthétique.

Synthèse. — Nous considérerons deux cas principaux suivant que l'angle A est obtus ou droit ou qu'il est aigu.

Premier cas. — *L'angle* A *est obtus ou droit.*

On a $f < a$ parce que l'angle A est plus grand que A_1, et, d'ailleurs, a et f sont évidemment plus petits que $2r$, on peut donc écrire : $f < a < 2r$.

d est nécessairement plus petit que a, car si on supposait qu'il fût plus grand, les deux racines de l'équation (1) seraient toutes deux positives, à cause de $d > f$, mais elles seraient plus grandes que $\cos\dfrac{A}{2}$ lorsque l'angle A est obtus, et toutes deux égales à $\cos\dfrac{A}{2}$ si l'angle A était droit ; ce qui est impossible (*).

(*) Il ne faut pas oublier que la condition $d > a$ exclut le cas où $\cos\dfrac{A}{2}$ serait compris entre les deux racines, et que l'angle A doit être aigu pour que $\cos\dfrac{A}{2}$ soit plus grand que chacune d'elles.

Si d est compris entre f et a, les deux valeurs de $\sin\dfrac{B-C}{2}$ sont toutes deux positives, et l'une d'elles est plus petite que $\cos\dfrac{A}{2}$ tandis que l'autre est plus grande. Le problème a donc une solution et une seule.

Si d est plus petit que f, l'une des valeurs de $\sin\dfrac{B-C}{2}$ doit être rejetée comme négative et l'autre comme valeur positive plus grande que $\cos\dfrac{A}{2}$: le problème est donc impossible.

Deuxième cas. — *L'angle A est aigu.*

Ce cas se subdivise en trois; suivant que l'on a

$$A < A_1, \quad A > A_1, \quad A = A_1.$$

1° On a $A < A_1$. Les limites seront alors rangées dans l'ordre croissant de grandeur, comme il suit : $a, f, 2r$.

Si d est compris entre f et $2r$, le problème aura deux solutions, puisque les deux valeurs de $\sin\dfrac{B-C}{2}$ seront positives et plus petites que $\cos\dfrac{A}{2}$.

Il n'y aura plus qu'une solution, si d est compris entre a et f. En effet d étant plus petit que f, l'une des valeurs de $\sin\dfrac{B-C}{2}$ est négative et doit être rejetée; mais la valeur positive de $\sin\dfrac{B-C}{2}$ est bonne, puisque la condition $d > a$ étant toujours satisfaite, et l'une des valeurs de $\sin\dfrac{B-C}{2}$ étant négative, toutes deux doivent être plus petites que $\cos\dfrac{A}{2}$.

Quand d est plus grand que $2r$, le problème est impossible, parce que les deux valeurs de $\sin\dfrac{B-C}{2}$ sont imaginaires.

Enfin, le problème est encore impossible quand on a $d < a$; car alors une des valeurs de $\sin \dfrac{B - C}{2}$ est négative à cause de l'iné-galité $d < f$, et puisque l'on a $d < a$, la substitution de $\cos \dfrac{A}{2}$ à $\sin \dfrac{B - C}{2}$ dans l'équation (1) donne un résultat négatif, et $\cos \dfrac{A}{2}$ est plus petit que la valeur positive de $\sin \dfrac{B - C}{2}$.

2° On a $A > A_1$. Alors les limites se rangent dans l'ordre : $f, a, 2r$.

Une discussion toute semblable à la précédente montre encore que le problème a deux solutions lorsque d est compris entre a et $2r$, une seule, quand il est compris entre f et a, et aucune, quand d est plus grand que $2r$ ou plus petit que f.

3° $A = A_1$. Alors l'intervalle où il n'y a qu'une solution est supprimé.

En résumé, quand l'angle A est obtus ou droit, le problème n'a jamais qu'une solution, et pour qu'elle existe, d doit être compris entre f et a.

Si l'angle A est aigu, le problème proposé a toujours deux solutions, quand la somme donnée d est comprise entre $2r$ et la plus grande des deux quantités a et f, une seule quand d est compris entre a et f (ce cas ne se présente pas quand a est égal à f), et aucune, quand d est plus grand que $2r$ ou plus petit que la plus petite des deux quantités a et f.

On voit facilement que les trois quantités $a, f, 2r$, sont des valeurs particulières que prend la somme d, lorsque le sommet A se place au sommet B, au milieu de l'arc capable de A, ou à l'extrémité du diamètre de cet arc qui passe par le sommet C ; il est bien naturel alors que les trois quantités se soient présentées comme limites dans la discussion.

On comprend bien aussi que, dans le cas de l'angle obtus, le diamètre, ne pouvant jamais être un côté du triangle, est une limite que d ne peut atteindre, et par suite que le problème ne peut avoir qu'une solution.

Remarque. — Dans les premiers paragraphes, nous avons prévu les résultats de la discussion d'un problème, en étudiant les variations d'une fonction dont les maximums et minimums étaient d'abord déterminés. Ici, évidemment, nous pouvons faire le contraire et nous savons, d'après notre discussion, comment varie la quantité d lorsque le sommet A marche du sommet B au milieu de l'arc capable de l'angle A.

On aurait pu, du reste, prévoir tous les résultats de la discussion, en étudiant d'abord les variations de grandeur de la quantité d mise préalablement sous la forme

$$\frac{a}{\sin A}\left(1-\left(\sin\frac{B-C}{2}-\sin\frac{A}{2}\right)^2\right);$$

il y aurait encore eu deux cas à distinguer ; car, lorsque l'angle A est obtus ou droit, on a toujours $\sin\dfrac{B-C}{2}<\sin\dfrac{A}{2}$, et quand l'angle A est aigu, on peut avoir $\sin\dfrac{B-C}{2}>=<\sin\dfrac{A}{2}$.

Nous engageons les élèves à traiter par la méthode directe le problème par lequel on se propose de trouver sur la ligne des centres de deux sphères un point d'où l'on voit deux zones dont la somme est donnée.

La discussion est beaucoup plus minutieuse que celle que nous venons de faire. On devra d'abord réduire, autant que possible, le nombre des inégalités de même sens, et voir s'il n'y a pas contradiction entre les inégalités de sens contraire.

En cherchant à mettre d'accord les inégalités de sens contraire, on trouvera, comme nous l'avons déjà vu, que le problème ne peut avoir deux solutions que si l'on a

$$d>r'+r\sqrt{\frac{r}{r'}}.$$

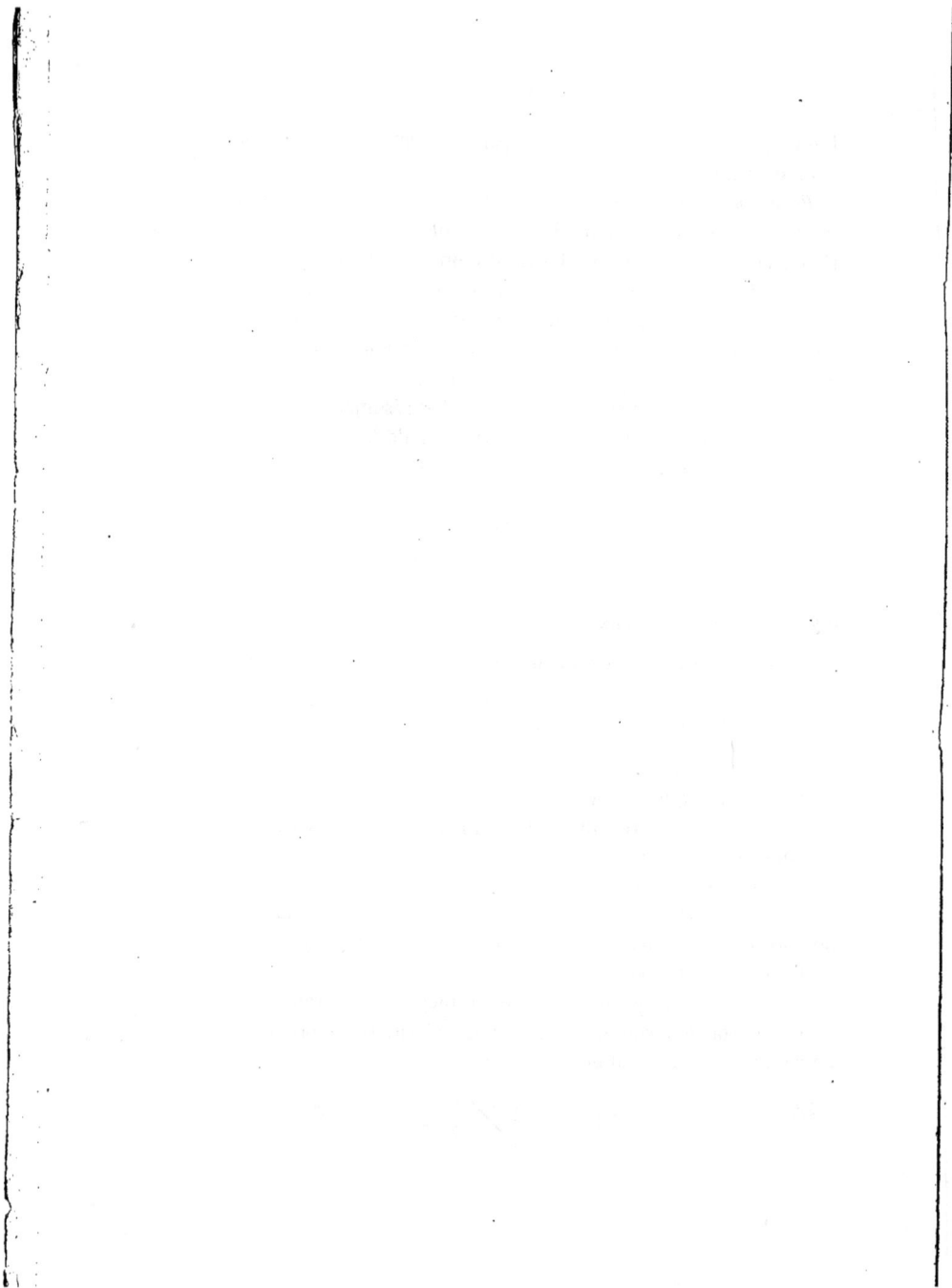

DIFFÉRENTIELLES

DANS LE SYSTÈME BIPOLAIRE

DE

L'ARC D'UNE COURBE PLANE ET DES ANGLES QUE FONT AVEC L'AXE POLAIRE

LES DEUX RAYONS VECTEURS

MENÉS D'UN POINT DE LA COURBE AUX DEUX FOYERS.

———

DÉTERMINATION

DANS LE MÊME SYSTÈME D'AXES DE L'ANGLE DE CONTINGENCE

ET DU RAYON DE COURBURE D'UNE COURBE PLANE.

DIFFÉRENTIELLES

DANS LE SYSTÈME BIPOLAIRE

DE

L'ARC D'UNE COURBE PLANE ET DES ANGLES QUE FONT AVEC L'AXE POLAIRE

LES DEUX RAYONS VECTEURS

MENÉS D'UN POINT DE LA COURBE AUX DEUX FOYERS.

DÉTERMINATION

DANS LE MÊME SYSTÈME D'AXES DE L'ANGLE DE CONTINGENCE

ET DU RAYON DE COURBURE D'UNE COURBE PLANE.

Différentielle de l'arc. — Soient A et B les deux foyers, M un point de la courbe déterminé par les distances MA, MB, que nous représenterons par u et v; les coordonnées d'un point M' de la courbe infiniment voisin du point M seront M'A $= u + du$ M'B $= v + dv$.

Si des points A et B comme centres avec les rayons MA, MB on décrit des circonférences qui coupent M'A, M'B en C et D, on aura M'C $= du$, M'D $= dv$, et si on désigne par α et β les deux angles que MA et MB font avec la direction BA, les deux arcs de cercle MC et MD seront égaux à $u\,d\alpha$ et $v\,d\beta$.

MM' sera la différentielle ds de l'arc.

Les triangles infiniment petits MM'C, MM'D peuvent être considérés comme rectilignes et rectangles en C et D, et, par suite, les quatre points M, M', C, D appartiennent à une même circonférence, dont le diamètre est MM'.

Mais on sait qu'une corde d'une circonférence est égale au diamètre divisé par le sinus d'un des deux arcs qu'elle soutend, donc si on désigne par μ l'angle BMA ou l'angle BM'A, qui en diffère infiniment peu, on aura $DC = \dfrac{ds}{\sin \mu}$; d'un autre côté le triangle DCM' donne

$$DC = \sqrt{du^2 + dv^2 - 2du\,dv \cos \mu},$$

et, par suite, il vient

$$ds = \frac{\sqrt{du^2 + dv^2 - 2\,du\,dv \cos \mu}}{\sin \mu},$$

On pourra, si l'on veut, faire disparaître l'angle μ de la formule au moyen de la relation

$$\cos \mu = \frac{u^2 + v^2 - 4c^2}{2uv},$$

($2c$ est la distance des deux points A et B), mais pour les applications, il vaut mieux conserver la première forme.

Différentielles des deux angles α et β. — Prolongeons l'arc MC jusqu'à la rencontre en E de M'B, on aura $DE = EM' - DM'$. Mais les triangles DME, ECM' donnent

$$DE = vd\beta\,tg\,\mu, \qquad EM' = \frac{du}{\cos \mu},$$

donc

$$vd\beta\,tg\,\mu = \frac{du}{\cos \mu} - dv,$$

et, par suite,

$$d\beta = \frac{du - dv \cos \mu}{v \sin \mu},$$

on trouvera de même

$$d\alpha = \frac{\cos \mu\,du - dv}{u \sin \mu},$$

Angle de contingence. — Soit ω l'angle que la tangente au point M de la courbe fait avec la direction BA, on aura

$$\omega = \alpha + \text{arc } tg \frac{vd\alpha}{dv},$$

$$d\omega = d\alpha + d \text{ arc } tg \frac{vd\alpha}{dv}.$$

Prenant maintenant u pour variable indépendante, et désignant par v' et v'' la première et seconde dérivée de v par rapport à u, on aura, tout calcul fait,

$$d\omega = \frac{(v\cos^2\mu + 2u\cos\mu)v' - (u\cos^2\mu + 2v\cos\mu)v'^2 - uvv''\sin^2\mu}{uv(1 + v'^2 - 2v'\cos\mu)}.$$

Rayon de courbure. — Soit ρ le rayon de courbure, il est donné par la formule $\rho = \pm \dfrac{ds}{d\omega}$ dans laquelle on choisit le signe de manière que le rayon de courbure soit toujours positif.

En remplaçant dans la formule précédente ds et $d\omega$ par les valeurs déterminées plus haut, il viendra

(1) $$\rho = \pm \frac{uv(1 + v'^2 - 2v'\cos\mu)^{\frac{3}{2}}}{(vv' - u)(1 + v'^2 - 2v'\cos\mu) + \sin^2\mu\cdot(uvv'' - vv' + uv'^2)},$$

et on prendra le signe + ou le signe —, suivant que la courbe tournera sa convexité ou sa concavité vers AB.

Nous allons appliquer la formule précédente à la recherche du rayon de courbure d'une lemniscate (*).

La lemniscate est une courbe telle que le produit des distances d'un quelconque M de ses points à deux points fixes A et B, est une quantité constante b^2; dans le système bipolaire, elle a pour équation

$$uv = b^2.$$

___

(*) La plupart des auteurs donnent à la lemniscate le nom d'*ellipse de Cassini*, mais c'est là une mauvaise dénomination pour une famille de surfaces.

Soit r la distance du point M au milieu de AB, on aura

$$u^2 + v^2 = 2r^2 + 2c^2;$$

et on a aussi :

$$\cos \mu = \frac{u^2 + v^2 - 4c^2}{2uv};$$

l'équation de la trajectoire donne

$$v' = -\frac{v}{u} \quad \text{et par suite} \quad v'' = \frac{2v}{u^2};$$

on aura ensuite facilement

$$1 + v'^2 - 2v'\cos \mu = \frac{4r^2}{u^2}, \quad vv' - u = -2\left(\frac{r^2 + c^2}{u}\right),$$

$$\sin^2 \mu = \frac{b^4 - (r^2 - c^2)^2}{b^4}, \quad uvv'' - vv' + uv'^2 = \frac{4b^4}{u^3},$$

substituant ces valeurs dans la formule (1), il vient

$$\rho = \frac{\pm 2b^2 r^3}{b^4 - c^4 - 3r^4};$$

et on devra prendre le signe $+$ ou le signe $-$, suivant que la courbe tournera sa convexité ou sa concavité vers la ligne des foyers AB.

En faisant $b = c$, on trouve l'expression connue pour le rayon de courbure de la lemniscate de Jacques Bernouilli.

Cette dernière expression se trouve très-simplement par la formule ordinaire, mais il n'en est pas de même de la formule plus générale.

L'équation (2) peut servir à déterminer les points d'inflexion d'une lemniscate, quand ces points existent, en écrivant que la valeur de ρ est égale à l'infini.

On obtient ainsi

$$r = \sqrt[4]{\frac{b^4 - c^4}{3}}.$$

Pour déterminer les valeurs correspondantes de u et de v, on a les deux équations

$$u^2 + v^2 = 2\,(r^2 + c^2) \qquad uv = b^2$$

d'où l'on déduit

$$u + v = \sqrt{2\,(r^2 + b^2 + c^2)} \qquad u - v = \sqrt{2\,(r^2 - (b^2 - c^2))},$$

on voit facilement que pour que les valeurs de u et v soient réelles on doit avoir

$$c < b < c\sqrt{2},$$

on doit aussi avoir

$$u + v > 2c \qquad \text{et} \qquad u - v < 2c,$$

mais on s'assure facilement que ces conditions sont toujours remplies.

Il résulte de ce qui précède qu'une lemniscate ne peut avoir de points d'inflexion que lorsque b est compris entre c et $c\sqrt{2}$; et les points d'inflexion, au nombre de quatre, seront les points d'intersection de la lemniscate et d'une circonférence décrite du milieu de AB avec un rayon égal à $\sqrt[4]{\dfrac{b^4 - c^4}{3}}$.

Remarque.—Lorsque b est compris entre c et $c\sqrt{2}$, la valeur de ρ doit être prise, pour les points d'une même lemniscate, tantôt avec le signe $+$, tantôt avec le signe $-$; mais quand b est en dehors des limites précédentes, il faut toujours prendre le signe $-$ dans la formule (2).

En effet, si on a $b <$ ou $= c$, la quantité $3\,r^4 + c^4 - b^4$ est évidemment positive, et si on a $b > c\sqrt{2}$, on voit que le même trinome est positif, quand on y remplace r^2 par $b^2 - c^2$, qui est la valeur minimum de r^2, d'après l'expression de $u - v$.

SUR LE MOUVEMENT

DANS UN PLAN D'UN POINT SOUMIS A L'ACTION DE DEUX FORCES

ÉMANANT DE DEUX CENTRES FIXES

ET FONCTIONS

DES DISTANCES DE CES POINTS AU MOBILE

SUR LE MOUVEMENT

DANS UN PLAN D'UN POINT SOUMIS A L'ACTION DE DEUX FORCES

ÉMANANT DE DEUX CENTRES FIXES

ET FONCTIONS

DES DISTANCES DE CES POINTS AU MOBILE.

Les formules données dans la note précédente vont nous permettre, d'abord, de former l'équation générale de la trajectoire du mobile, dans le système bipolaire.

Prenons la masse du mobile pour unité; soit V sa vitesse à un instant quelconque, ds l'arc qu'il parcourt dans un instant très-petit dt, ρ le rayon de courbure de la trajectoire, et soit aussi conservée aux quantités u, v, α, β, μ leur signification précédente, désignons enfin par $\varphi(u)$ et $\psi(v)$ les forces prises positivement ou négativement, suivant qu'elles sont répulsives ou attractives.

On obtient l'équation de la trajectoire en écrivant que la force centripète est égale à la somme des composantes normales des deux forces.

En observant que les sinus des angles que la tangente au point (u,v) de la trajectoire fait avec les deux rayons vecteurs du point de contact sont $\dfrac{ud\alpha}{ds}$, $\dfrac{vd\beta}{ds}$, les deux composantes normales sont $-u\,\varphi(u)\dfrac{d\alpha}{ds}$, $-v\,\psi(v)\dfrac{d\alpha}{ds}$, et on a l'équation demandée

$$(1) \qquad \frac{V^2}{\rho} = -u\,\varphi(u)\frac{d\beta}{ds} - v\,\psi(v)\frac{d\beta}{d\alpha};$$

Dans cette formule, on devra supposer ρ positif ou négatif, suivant que la trajectoire tournera sa concavité ou sa convexité vers la ligne des centres d'action.

Remplaçant maintenant $\dfrac{d\alpha}{du}$, $\dfrac{d\beta}{du}$ et $\dfrac{ds}{du}$ par les valeurs précédemment données, il vient

$$(2) \qquad \frac{V^2}{\rho} = \frac{v'\left(\varphi(u) + \cos\mu\,\psi(v)\right) - \psi(v) - \cos\mu\,\varphi(u)}{\sqrt{1 + v'^2 - 2\,v'\cos\mu}}$$

dans cette équation, on mettra pour ρ la valeur que donne la formule

$$(3) \qquad \rho = \pm\frac{uv\left(1 + v'^2 - 2\,v'\cos\mu\right)^{\frac{3}{2}}}{(vv' - u)(1 + v'^2 - 2v'\cos\mu) + \sin^2\mu\,(uvv'' - vv' + uv'^2)}$$

et pour V^2 la valeur en u et v qui résulte de l'application du principe des forces vives.

On aura ainsi l'équation différentielle de la trajectoire qui sera du second ordre.

Pour achever de déterminer le mouvement, on associera à l'équation (2), l'équation qui donne V^2 en fonction de u et v, et on y remplacera V par $\dfrac{ds}{dt}$, puis ds par sa valeur

$$\frac{\sqrt{1 + v'^2 - 2\,v'\cos\mu}}{\sin\mu}$$

En appliquant la méthode précédente au cas où les deux forces attirent le mobile en raison inverse du carré de la distance, on ramène le problème aux quadratures (*), et il n'est pas sans intérêt de remarquer qu'un problème qui a tant occupé les géomètres aurait pu être résolu, à l'origine du calcul infinitésimal, avant même que l'on connût les équations différentielles du mouvement.

(*) Voyez les comptes rendus de l'Institut (1859).

Laissant de côté le problème général qui ne peut trouver place ici, je vais traiter un cas particulier que Lagrange a d'abord remarqué, et sur lequel les géomètres sont revenus depuis, plusieurs fois.

Il s'agit de démontrer que lorsque la vitesse initiale satisfait à une certaine condition, le mobile soumis à l'attraction de deux centres fixes qui agissent en raison inverse du carré de la distance, décrira une conique, comme il l'eût fait sous l'action isolée de chacune des deux forces.

Si la conique qui doit être décrite par le mobile est une ellipse, par exemple, dont l'équation est

$$u + v = 2a,$$

on substituera d'abord dans l'équation (2) la valeur de V^2 que donne le principe des forces vives et la valeur de ρ qui se rapporte à l'ellipse ; puis, dans la même équation on mettra, à la place de l'une des variables u et v, sa valeur en fonction de l'autre déduite de l'équation de la conique : le théorème sera démontré si, pour une valeur convenablement choisie de la vitesse initiale, l'équation est satisfaite, quelle que soit la valeur de la variable qui y reste.

On peut encore raisonner de la manière suivante :

Un mobile soumis à l'action de forces quelconques peut toujours être assujetti à décrire une trajectoire donnée d'avance, en lui appliquant une force égale à la réaction qu'exercerait la courbe sur lui, s'il était forcé de la parcourir ; et cette courbe sera suivie librement par le mobile, si la réaction calculée est trouvée nulle.

Or, par hypothèse, la trajectoire étant plane, la réaction est égale à la différence entre $\dfrac{V^2}{\rho}$ et la composante normale des forces auquel le mobile est soumis ; la trajectoire sera donc décrite librement par le mobile, si la différence est nulle.

On retrouve ainsi évidemment la condition exprimée par l'équation (2).

Faisons maintenant les calculs.

Soient g et h les intensités des forces à l'unité de distance ; la masse du mobile étant prise pour unité, le principe des forces vives donne

$$V^2 = 2C + \frac{2g}{u} + \frac{2h}{v},$$

On a aussi par la formule (3), en désignant par p le paramètre de l'ellipse

$$\rho = \frac{p}{\cos^3 \frac{\mu}{2}};$$

d'ailleurs, $\varphi(u)$ et $\psi(v)$ sont respectivement égales à $\dfrac{-g}{u^2}$ et $\dfrac{-h}{v^2}$.

En faisant les substitutions dans l'équation (2), on a

$$(4) \qquad 2C + \frac{2g}{u} + \frac{2h}{v} = \frac{p(gv^2 + hu^2)}{u^2 v^2 \cos^2 \frac{\mu}{2}}.$$

Pour éliminer $\cos \frac{\mu}{2}$ de la formule, remarquons que m et n étant les perpendiculaires abaissées des foyers sur la tangente en un point (u, v) de la trajectoire, on a

$$m = u \cos \frac{\mu}{2} \qquad\qquad n = v \cos \frac{\mu}{2},$$

d'où

$$mn = uv \cos^2 \frac{\mu}{2};$$

mais, d'un autre côté, le produit mn est égal au carré du demi petit axe b^2, on peut donc remplacer dans l'équation (4) $uv \cos^2 \frac{\mu}{2}$

par b^2; on peut mettre aussi ap à la place de b^2, il vient alors

$$2\,C + \frac{2g}{u} + \frac{2h}{v} = \frac{gv^2 + hu^2}{auv};$$

chassant maintenant le dénominateur de l'équation précédente, et y remplaçant v par sa valeur $2a - u$, il viendra

(5) $(g + h + 2\,a\,C)\,(u^2 - 2a\,u) = 0;$

or, on satisfait à cette équation, quel que soit u, en posant

$$g + h + 2\,a\,C = 0;$$

d'où l'on tire

$$C = -\frac{g+h}{2a};$$

si donc on désigne par u_0, v_0, V_0 les valeurs initiales des coordonnées du mobile et de la vitesse, la condition nécessaire et suffisante pour que le mobile décrive une ellipse, c'est que l'on ait

$$V_0{}^2 = \frac{2g}{u_0} + \frac{2h}{v_0} - \frac{g+h}{2a}.$$

On peut remarquer qu'à un instant quelconque, le carré de la vitesse du mobile est égal à la somme des carrés des vitesses dont il eût été animé sous l'action isolée de chacun des centres fixes; c'est ce qu'on voit immédiatement, en faisant successivement g et h nuls dans l'expression du carré de la vitesse

$$\frac{gv^2 + hu^2}{auv}.$$

On pourra maintenant avoir le temps par une quadrature, comme cela a été expliqué d'une manière générale en commençant.

Nous allons prendre pour second exemple le cas où les deux

forces varient en raison inverse des distances du mobile aux deux centres fixes, et ont la même intensité à l'unité de distance.

On ne sait pas, en général, quelle est la trajectoire, mais nous allons démontrer que, sous une certaine condition de vitesse initiale, le mobile parcourra une lemniscate de Jacques Bernouilli, c'est-à-dire la lemniscate particulière qu'on obtient lorsque le produit des distances d'un point quelconque de la courbe aux deux points fixes est égale au carré de la demi-distance de ces mêmes points.

Si l'on désigne par l, comme à l'ordinaire, un logarithme népérien, et par g l'intensité des deux forces à l'unité de distance, le principe des forces vives donne immédiatement

$$V^2 = C - 2gluv,$$

Cette équation montre que si le mobile peut décrire une lemniscate dont l'équation est

$$uv = b^2,$$

il se mouvra sur cette courbe avec une vitesse constante

$$C - 2glb^2,$$

dans le cas actuel, la composante normale prend la forme très-simple

$$\frac{g(d\alpha + d\beta)}{ds},$$

et l'équation qu'on doit vérifier est

$$\frac{V^2}{\rho} = \frac{g(d\alpha + d\beta)}{ds}.$$

Remplaçant dans cette équation V^2 par $C - 2glb^2$, ρ par la valeur que nous avons calculée dans la note précédente,

$$\frac{2b^2 r^3}{3r^4 + c^4 - b^4} \qquad (*)$$

(*) C'est cette valeur de ρ qui est positive, parce qu'évidemment la trajectoire tourne sa concavité vers la ligne des centres d'action.

et $\dfrac{d\alpha + d\beta}{ds}$ par sa valeur $\dfrac{2r}{b^2}$ facile à obtenir, il vient

$$(6) \qquad (3\,C - 6glb^2 - 4g)\,r^4 + (C - 2glb^2)\,(c^4 - b^4) = 0 \;.$$

Cette équation devant être satisfaite, quel que soit r, on a

$$(7) \qquad\qquad 3\,C - 6gl.b^2 - 4g = 0 \;,$$

$$(8) \qquad\qquad (C - 2gl.b^2)\,(c^4 - b^4) = 0 \;,$$

la seconde équation se décompose en deux

$$b = c \qquad\qquad C - 2glb^2 = 0 \;;$$

mais, en multipliant les deux membres de cette dernière équation par 3, et retranchant membre à membre avec (7), on trouve $g = 0$, ce qui est impossible ; on a donc nécessairement $b = c$, alors il vient

$$V^2 = C - 2gl.c^2, \qquad 3\,C - 6gl.c^2 - 4g = 0,$$

d'où

$$(9) \qquad\qquad V = 2\sqrt{\dfrac{g}{3}}.$$

On a donc ce théorème :

Si un point mobile, placé d'abord sur une lemniscate de Bernouilli, est attiré en raison inverse des distances par les deux foyers avec la même force g à l'unité de distance, et que la vitesse initiale d'intensité $2\sqrt{\dfrac{g}{3}}$ soit dirigée suivant la tangente à la lemniscate au point de départ, le point attiré continuera de se mouvoir sur la même courbe et avec la même vitesse.

Le mobile ne pourra, d'ailleurs, jamais parcourir une lemniscate autre que celle de Bernouilli.

On peut maintenant trouver t en fonction de r par une quadrature.

Remplaçons dans l'équation (9) V par $\dfrac{ds}{dt}$, il viendra

$$dt = 2 \sqrt{\frac{3}{g}} \frac{ds}{du} \, du,$$

mais on a facilement

$$\frac{ds}{du} = \frac{2c^2}{u \sqrt{2c^2 - r^2}},$$

puis, par les équations

$$uv = c^2, \qquad u^2 + v^2 = 2(r^2 + c^2),$$

$$du = \frac{u \, dr}{\sqrt{2c^2 + r^2}},$$

donc

$$dt = 2 \sqrt{\frac{3}{g}} \frac{dr}{\sqrt{4c^4 - r^4}}.$$

On trouve à la page 252 du premier volume, dans l'excellent ouvrage du père Julien, intitulé *théorèmes et problèmes de mécanique*, l'énoncé suivant :

Un point matériel se meut avec une vitesse constante, sous l'action de deux centres fixes qui l'attirent en raison inverse de la distance avec des intensités égales pour des distances égales. Déterminer la trajectoire.

— 143 —

Il est évident, d'abord, que l'énoncé contient une condition de
trop, et qu'en général la vitesse étant une fonction des coordonnées qui déterminent la position du mobile sur sa trajectoire, on
ne peut pas se demander *a priori* qu'elle soit constante.

Ensuite l'auteur croit démontrer que le mobile peut parcourir
une lemniscaste quelconque avec une vitesse constante ; mais son
raisonnement prouve seulement que si le mobile pouvait parcourir sa trajectoire avec une vitesse constante, cette trajectoire
serait nécessairement une lemniscate, ce qui est bien évident,
comme nous l'avons vu, d'après le principe des forces vives.

FIN.

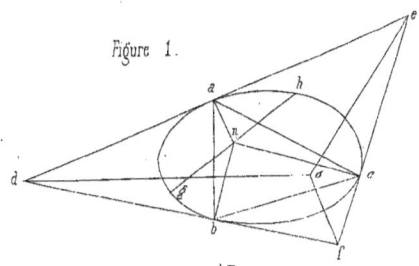

Figure 1.

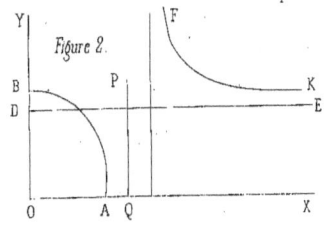

Figure 2.

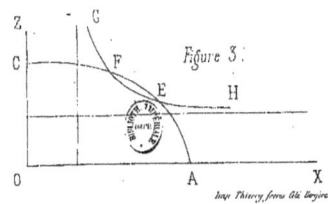

Figure 3.

Imp. Thierry, frères Ge. Empire Paris

OUVRAGES DU MÊME AUTEUR

THÉORÈMES ET PROBLÈMES

SUR

LES NORMALES AUX CONIQUES

Prix : 1 fr. 50 c.

THÈSES POUR LE DOCTORAT. 1848.

Sur le mouvement d'un point attiré par deux centres mobiles.
Démonstration de deux théorèmes de Jacobi.
Application au problème des perturbations planétaires.

Prix : 5 francs.

Paris. — Typographie Hennuyer, rue du Boulevard, 7.